Hermann J. Gruhl

Der Gamsbock auf der Schneid

Leopold Stocker Verlag
Graz – Stuttgart

Titelgestaltung: Digitalstudio Rypka, Graz
Titelbild: Das Titelbild sowie die Bilder im Textteil wurden freundlicherweise vom Autor zur Verfügung gestellt.

Bibliografische Information Der Deutschen Bibliothek
Die Deutsche Bibliothek verzeichnet diese Publikation in der Deutschen Nationalbibliografie; detaillierte bibliografische Daten sind im Internet über http://dnb.ddb.de abrufbar.

Hinweis:
Dieses Buch wurde auf chlorfreiem Papier gedruckt.
Die zum Schutz vor Verschmutzung verwendete Einschweißfolie ist aus Polyethylen chlor- und schwefelfrei hergestellt. Diese umweltfreundliche Folie verhält sich grundwasserneutral, ist voll recyclingfähig und verbrennt in Müllverbrennungsanlagen völlig ungiftig.

ISBN 978-3-7020-1158-1

Printed in Austria
Layout: werbegraphik-design Gernot Ziegler, 8054 Graz
Druck: Druckerei Theiss GmbH, 9431 St. Stefan

Inhalt

Für Edith, meine unerschrockene Gefährtin †

Was ist eigentlich „natürlich“?

Wir erleben heute eine Periode mit geradezu inflationärer Verwendung von Begriffen, wie „natürlich“, „biologisch“, oder „naturgemäß“. Wahrscheinlich haben die Wenigsten, die solche Worte einer Standarte gleich vor sich hertragen, schon einmal darüber nachgedacht, was naturgemäßes Handeln eigentlich bedeutet. Es setzt nämlich voraus, daß man weiß, was „natürlich“ ist. Die Vorstellungen darüber sind jedoch häufig verschwommen, und meist wird als Kriterium jegliches menschliche Nichteingreifen verstanden.

Das ist aber grundfalsch, denn wer sich mit der Entwicklung von Pflanzen, Tieren und Hominiden in den letzten 20.000 Jahren beschäftigt, stellt überrascht fest, daß es seit der letzten Eiszeit in Mitteleuropa keine natürlichen Ökosysteme im Sinne heutigen Verständnisses mehr gegeben hat. Als sich beim Abklingen der letzten Eiszeit zunächst eine tundraähnliche Flora über Europa ausbreitete, war der Mensch schon vorhanden und der Wolf bereits zum Hund domestiziert. Auch die Vorstellung, mit steigenden Temperaturen sei die Tundra von geschlossenen Urwäldern überwuchert worden, ist unrichtig. In dieser Periode waren nämlich große Pflanzenfresser, wie Mammuts, Wollnashörner, Riesenhirsche, Auerochsen und Wiesente, am Werk. Unter deren Einfluß bildeten sich eher savanneähnliche, teils offene Waldlandschaften heraus. Erst nach ihrem Verschwinden konnten die dichten Wälder entstehen.

Die großen Pflanzenfresser sind auch nicht einfach durch Aussterben verschwunden, sie wurden vielmehr von den Menschen der Frühzeit mehr oder weniger ausgerottet. Ein geschlossener Urwald wäre danach eigentlich Ergebnis menschlichen Wirkens. Erst die Domestikation von Wildtieren zu in die Wälder getriebenen Haustierherden führte dann wieder zur Entstehung halboffener Waldlandschaften.

Pflanzen und Pflanzenfresser haben sich im Laufe der Evolution in gegenseitiger Abhängigkeit entwickelt. Es gibt keine Pflanze ohne Pflanzenfresser! Wer heute Flächen zum Schutz vor Tierverbiß zäunt, erkennt daraus allenfalls, wie sich die Vegetation ohne Freßfeinde entwickelt. Natürlich ist das nicht!

Auch darf man nicht in den Fehler verfallen, Wildverbiß mit Schaden gleichzusetzen. Man denke nur, wie rigoros Gärtner Obstbäume und Winzer Rebstöcke beschneiden. In den vergangenen Jahren hat es mehrfach Bestrebungen gegeben, z.B. Heideflächen als natürliche Ökosysteme unter Schutz zu stellen und dort jegliche Beweidung zu untersagen. Gleiches gilt für Almweiden, die zur Erhaltung ihrer Artenvielfalt aufgelassen werden sollten. Doch auch hier liegt ein Trugschluß vor, denn Pflanzen verfügen über ein sehr unterschiedliches Wucherverhalten. Auf ungemähten, unbeweideten Almen werden aggressive Pflanzenarten über kurz oder lang weniger aggressive zurückdrängen. Artenarmut ist dann da häufige Folge, wo der große Gleichmacher der Wiederkäuerzähne nicht alles über einen Kamm schert. Eine undankbare Natur tut nämlich etwas ganz anderes als gewünscht, sie würde Almwiesen mit all ihrer Artenvielfalt durch Verbuschung und anschließende Bewaldung einfach vernichten. Auch das wäre nach heutigem Verständnis kaum „naturgemäß".

Selbst die Jagd auf Wildtiere soll künftig „naturgemäß" durchgeführt werden, will sagen, der Jäger soll möglichst gut Wolf, Luchs und Bär nachahmen. Da diese Raubtiere unter dem Diktat geringstmöglichen Energieeinsatzes jagen, werden von ihnen vorzugsweise junge, schwache und kranke Tiere gerissen. Ein Fuchs schlägt aber auch die brütende Auer- oder Birkhenne, der Luchs die säugende Ricke, Adler und Habicht fütternde Vogeleltern, während Wolfsrudel den Hirsch zu Tode hetzen. Das alles ist, wie Wagenknecht meint, naturgemäße Jagd, für menschliche Jäger jedoch aus ethischen Gründen undenkbar, für eine tierliebende Öffentlichkeit indiskutabel. Zudem sterben Tiere in freier Wildbahn nur selten eines natürlichen Todes, weil sie nämlich mit Eintritt der Gebrechlichkeit zur raschen und leichten Beute von Räubern werden. Die Forderung, den Abschuß alter Hirsche zu unterlassen, ist gewissermaßen eine ideologische Kapriole und völlig unnatürlich. Häufig praktizierte Einzeljagd, so eine weitere Forderung, soll danach durch gelegentliche Drückjagd ersetzt werden, um dem Wild immer wieder längere Ruhepausen zu gewähren. Auch das wäre aber nicht natürlich! Wo Wölfe wechseln, steht Wild praktisch unter Dauerstreß, wie ihn Einzeljäger nie erzeugen könnten.

Die Fichtenmonokultur als Wirtschaftswald war über Jahrzehnte hinweg gängige Praxis und wenig tierfreundlich. Heutiges Ziel ist der naturnahe

Wald, in dem durch Plenterschläge einzelner Stämme im Laufe von Jahren eine gemischte, ungleichaltrige, stufige und strukturreiche Dauerbestockung entstehen soll. Zwar kommt so ein Wald in der unberührten Natur vor, ist jedoch bei Weitem nicht die einzige Waldform.

Wir alle können nur hoffen, daß der in die Wege geleitete forstliche Umbau dereinst Früchte tragen wird und daß sich dadurch auch eines Tages die Lebensbedingungen der Wildtiere verbessern. Dann können Wald und Wild wieder ohne gegenseitige Beeinträchtigung miteinander gedeihen und leben.

Der Alpenjäger

*Auf der Felsen nackte Rippen
klettert sie mit leichtem Schwung,
durch den Riß gespaltener Klippen
trägt sie der gewagte Sprung;
aber hinter ihr verwogen
folgt er mit dem Todesbogen.
Jetzo auf den schroffen Zinken
hängt sie auf dem höchsten Grat,
wo die Felsen jäh versinken
und verschwunden ist der Pfad.
Unter sich die steile Höhe
hinter sich des Feindes Nähe.
Mit des Jammers stummen Blicken
fleht sie zu dem harten Mann,
fleht umsonst, denn loszudrücken
legt er schon den Bogen an.
Plötzlich aus der Felsenspalte
tritt der Geist, der Bergesalte,
und mit seinen Götterhänden
schützt er das gequälte Tier.
„Mußt du Tod und Jammer senden“,
spricht er, „bis herauf zu mir.
Raum für alle hat die Erde,
was verfolgst du meine Herde?“*

Friedrich von Schiller

Über Platzböcke

Die Strahlen der frühen Morgensonne lassen den verschneiten Gipfel des Brünstelkopfs rosarot aufleuchten, dahinter ein geradezu unwirklich tief azurblauer Himmel, während unten, noch im Schatten liegend, graue Nebelbänke die Sicht auf Garmisch und das Werdenfelser Land versperren. Dort im Talkessel wird es an diesem Februartag klirrend kalt und dunkel bleiben, hier oben aber ist mit herrlichem Wetter zu rechnen. Inversionsschichtung nennen das die Meteorologen. Seit sechs Uhr morgens bin ich bereits auf den Beinen, zunächst geht es noch bei Dunkelheit über steile und vereiste Forstwege unter schwarzem Fichtengehölz, dann über zunehmend verschneite Stege immer höher hinauf und endlich, als ich die Region der letzten Bergfichten hinter mir lasse, durch tiefen Bruchschnee, in dem ich bei jedem Schritt bis über die Knie einsinke. Der Anstieg wird so zu einem kräftezehrenden Unterfangen ohne Gleichen. Schließlich erreiche ich den Vorgipfel und damit den Grat, wo der Schnee weitgehend verblasen ist und das Steigen leichter fällt.

Einhundertfünfzig Höhenmeter über mir glitzert das aluminiumbeschlagene Gipfelkreuz im Sonnenschein. Und dicht daneben bewegt sich ein schwarzer Fleck, unruhig hin und her tappend, die Lauscher aufgerichtet neugierig zu mir herabäugend. „Ah“, der Gipfelbock, das Kruzifix auf dem höchsten Punkt des Geländes mit freier Rundumsicht bildet sozusagen den zentralen Punkt seines Reviers. Seit drei Jahren beobachte ich diesen Gamsbock hier regelmäßig und eigentlich völlig unabhängig von Jahreszeit und Wetter. Nur bei dichtem Nebel stand er bisher nie am Kreuz, sondern ein Stück unterhalb in den Latschen, vermutlich, weil es bei Nebel von hier oben ohnehin nichts zu eräugen gibt.

Der Gamsbock ist wohl mittleren Semesters, mag sieben, acht Jahre zählen, ist dabei aber von überaus kräftiger Statur und um diese Jahreszeit in eine schwarze, zottige Winterdecke gekleidet. Die stolz nach vorne geschwungene Krucke, der breite stämmige Vorbau, der tiefschwarze, nach den Seiten fallende Bart, dunkle Zügel im ansonsten gelblichweißen Gesicht weisen ihn als Prachtbock mit Zukunft aus.

Mühsam kämpfe ich mich durch Eis und Schnee weiter bergan und benütze dabei nach Möglichkeit die von den Gamsrudeln getretenen Pfade.

Bei Tiefschnee ziehen ganze Familien gern kräftesparend eines hinter dem anderen her, die Leitgeiß trägt dabei die Hauptlast, da sie den Weg bahnt. Ich habe schon große Rudel in endlos langer Kolonne so über verschneite Hänge wandern sehen.

Und Gams sind hier zahlreich, in den steilen Lahnern des Südhangs schlagen die Geißen mit den Vorderläufen den aperen Schnee beiseite, um für sich und die Kitze Äsung freizulegen, während jüngere Böcke auch nordseitig in den Latschendickungen umhertollen.

Plötzlich schallt mir von oben ein schriller Anpfiff entgegen. Das Pfeifen, meist begleitet von einem Stampfen mit den Vorderläufen und hervorgerufen durch Auspressen von Luft durch den Windfang, stellt bei Gemsen beiderlei Geschlechts ein Alarmsignal dar, sobald sie eine unbekannte Gefahrenquelle, heute meist den Menschen, ausmachen. Es warnt Eindringling wie Artgenossen gleichermaßen. Wie eigentlich überall im Tierreich, besteht auch die Verständigung der Gemsen nicht bloß aus Lautäußerungen. Bewegungen und Bewegungsabfolgen, Gerüche und Duftstoffe kommen hinzu. Sowohl Bock als auch Geiß verfügen über am Grind hinter der Krucke sitzende sogenannte „Brunftfeigen", Duftdrüsen, die ein Sekret mit Moschusgeruch absondern. Insbesondere Gamsböcke habe ich öfters beobachtet, wie sie mit Krucken und eben diesen Drüsen Äste, Büsche, auch Grashalme bearbeiten. Man hat bisher angenommen, mit diesen als „Markieren" oder „Hornen" bezeichneten Aktionen würden Reviergrenzen abgesteckt und mittels Duftstoffen Grenzpflöcke gesetzt. Die Schweizer Autoren Reinhard Schmidrig-Petrig und Urs Peter Salm berichten aber in ihrem hervorragenden Buch „Die Gemse" von langjährigen Forschungen zum Sozialverhalten der Gemsen aus dem Berner Oberland, daß sich diese Annahme nicht bewahrheitet hat. Hornen und Markieren ist demnach nicht nur auf Böcke beschränkt, sondern ist bei allen erwachsenen Tieren, unabhängig von ihrer Rangordnung in der Gruppe, beobachtet worden und erscheint heute als eine Ausdrucksform des Abreagierens aggressiver Spannungen. Wenn das zutrifft, wäre auch das eine Verhaltensäußerung, die von Artgenossen verstanden wird. Und da Gemsen nur die ihnen arteigenen Äußerungen kennen, wenden sie die gleichen auch gegenüber Menschen an. In der Sprache meines Gipfelbocks bedeutet der an mich gerichtete Warnpfiff: „Halt! Bis hierher und nicht weiter, ich bin gereizt und unwirsch!“

Als mich nur noch zweihundert Gänge vom Grat trennen, wirft der Bock das Haupt hoch, pfeift erneut schrill und setzt sich in Bewegung. Erwartungsgemäß flieht er nicht, sondern springt mir mit merkwürdig steif gehaltenen Vorderläufen in engen Serpentinen hangwärts entgegen. Kaum fünfzig Schritt voraus verhält das Wild gesenkten Haupts mit zurückgelegten Lauschern und steil aufgerichtetem Bart. Ziel der Maßnahme ist der „optische" Gewinn an scheinbarer Größe, wodurch der Gegner eingeschüchtert werden soll. Dann folgt ein weiterer Drohschritt mit nach vorne gerichteten Krickeln auf den Eindringling zu. Ganz klar, der Bock will mich hier nicht haben und vermittelt dabei den grotesken Eindruck einer Katze, die eines Hundes ansichtig wird.

Als keine für ihn verständliche Gegenreaktion meinerseits eintritt, wendet er und flüchtet gipfelwärts, wo er breit stehend verharrt. Dieses auf meine Einschüchterung gezielte Manöver aus Scheinangriff und Imponierdarstellung wiederholt sich mehrere Male, wobei die Distanz zu mir zusehends abnimmt. Zuletzt jagt er in gestrecktem Galopp direkt auf mich zu, ja ich befürchte schon: gleich wird er mich umrennen. Im letzten Moment springt er vom Grat rechter Hand in den Südhang hinein und hinab zu den dort friedlich äsenden Geißen, die mich zwar längst eräugt haben, aber kaum Notiz von mir nahmen.

Eine Stunde später, nachdem ich den Gipfel freigegeben habe, steht der Gamsbock wieder an seinem Platz neben dem Kreuz. Er hat mich die ganze Zeit über in den Lichtern und der Witterung behalten. Oft, und mit Ausnahme der Brunftzeit, zu allen Jahreszeiten, habe ich dieses Standortverteidigungsritual des Brünstelkopf-Platzbockes erlebt, nie räumte er freiwillig – zum Beispiel durch Flucht über die Rückseite, wo der Abstieg in den Südhang leichter ist – das Feld.

Einmal, ebenfalls im Winter, hatte ich unter dem Dach tief verschneiter Äste der letzten großen Fichte vor dem Gipfelanstieg Schutz vor Wind und Wetter und für eine kurze Rast gesucht, da kam er in Begleitung eines jüngeren Bockes in rasender Fahrt und Fahnen von Pulverschnee aufwirbelnd von oben herab angefegt. Beide Tiere verhielten so dicht vor meinem Versteck, daß ich sie mit der Spitze meines Bergsteckens hätte berühren können. Meine Witterung hatten sie abbekommen, konnten mich aber nicht lokalisieren, und so befanden sie sich im Zustand allerhöchster Aufgeregtheit. Hin- und Herwerfen des Hauptes, um mich zu eräugen, Warnpfiffe, steil aufgerichtete Rückenbärte und zitternde Läufe vermittelten hautnah, was in den Köpfen der beiden vorging: Ärger, ja aggressiver Zorn, jedoch gepaart mit einem gerüttelten Quantum an Vorsicht vor einer unbekannten, nicht sichtbaren Gefahrenquelle.

Und dieser Gamsbock ist kein Einzelfall in meiner nunmehr über vierzigjährigen Wildbeobachterpraxis. An einem anderen Voralpenrücken gab es vor längerer Zeit ebenfalls einen solchen Platzbehaupter. Wer auf dem verwachsenen Pfad pirschte, wurde mit Scheinangriffen bedacht. Damals war ich noch kein Jäger und konnte daher keine Altersansprache vornehmen, allein vom Gehabe her dürfte es sich aber um einen älteren Bock gehandelt haben. Meiner kaum ansichtig, stürmte er mir aus sicherlich zweihundert Metern Entfernung auf dem Steig in wildem Galopp entgegen und scheuchte dabei einen Auerhahn aus den Latschen empor, der im Steilflug talwärts entschwand. Schließlich stemmte er die gespreizten Vorderläufe nach vorne, um auf dem gerölligen Boden rutschend die rasante Fahrt abzubremsen, und kam so kaum zwanzig Gänge von mir entfernt zum Stehen. Ich war dermaßen erschrocken, dass ich mich sofort nach einer abgestorbenen Latschenwurzel umsah, um mich damit notfalls gegen den wilden Derwisch verteidigen zu können. Ein andermal war ich gemeinsam mit meiner Frau im Bergwald unter dem Brünstelkopf unterwegs und als geübter Steiger schon ein Stück des Weges vorausgegangen. Plötzlich hörte ich sie aufgeregt rufen, und als ich mich umwandte, war da ein Gams, der sie in weiten Bögen mit steifen Bocksprüngen unter deutlichen Zeichen des Unmuts umkreiste und unsere weitere Wanderung dann mit ausgeprägtem Imponierritual über einige Zeit begleitete.

Im letzten Winter hatte ich frühmorgens den Weg über das „Gelbe Gewänd" hinauf zum Stepberg unternommen, als sich mir ein Zweijähriger in den Weg stellte. Dieser Bock war noch zu jung, um gegenüber Menschen ein aggressives, das selbstgewählte Revier behauptende Verhaltensrepertoire an den Tag zu legen, aber er verteidigte seinen Standort diplomatischer und besser als mancher Alte. Über eine Stunde versuchte ich ihn aus seinem Revier zu treiben, ohne Erfolg! Stieg ich von unten zu ihm auf, ließ er mich bis auf etwa vierzig Gänge an sich heran, stellte sich mit aufgerichtetem Bart breit, äste ostentativ, wobei er die Lichter merkwürdig verdrehte, sodaß das Weiße in ihnen deutlich sichtbar wurde, gelegentlich markierte er auch an Fichten und Latschen. Durchbrach ich seinen selbst gewählten Sicherheitsabstand, zog er gemächlich ein Stück hangauf und äugte zu mir herunter. Kam ich von oben auf ihn zu, zeigte er leichte Unruhe und hielt sich etwas weiter entfernt. Neugierig, wie er war, folgte er sogar, wenn ich mich zurückzog. Das laute und häufige Klicken meiner Spiegelreflexkamera hat ihn überhaupt nicht irritiert. Sein Vertrautsein Menschen gegenüber brachte ihm jedoch wenig Gutes ein; ein Jagdgast erlegte ihn im folgenden Herbst.

Aber ich kenne noch einen anderen, ebenfalls jungen Gamsbock. Seinen Standort und sein Revier an einem sehr beliebten Wanderweg werde ich wohlweislich verschweigen, weil es sich um einen Zukunftsbock mit wirklich hervorragender Veranlagung handelt, und diese Zukunft wollen wir ihm doch lassen. Erst kürzlich, etwa Mitte November, also während der Brunftzeit im Gamsrevier, war ich zu ihm aufgestiegen. An den Tagen zuvor hatte es stark geschneit, aus Steilhängen und Lahnern waren Schneelawinen abgegangen und hatten an vielen Stellen den Weg verschüttet. Das Gehen war dadurch schwierig geworden, an manchen Passagen mußte ich mich sogar hüfttief durch diese Verwehungen kämpfen. Es war allerdings von Vorteil, daß bei dem rauhen Wetter außer mir niemand unterwegs gewesen sein dürfte.

Als ich wieder einmal einen hohen Schneeberg erklettert hatte, sah ich das Böckchen unter einer dachförmigen Latsche kaum zehn Meter vor mir niedergetan liegen. Verblüfft schauten wir einander einen Moment lang in die Augen, dann sprang der Gams auf und trollte ohne übertriebene Hast den Weg weiter bergan. Ich folgte und traf, kaum zweihundert Schritte weiter, erneut auf ihn. Er stand mitten auf dem Steig und schaute gelangweilt zu mir herüber. Ich machte einige Fotos auf kürzeste Distanz, mußte aber leider bald den Film wechseln. Bei modernen motorgetriebenen Kameras geht das ja nie so ganz ohne Lärm ab, den Reservefilm galt es zudem erst aus dem Rucksack hervorzukramen. Als der neue Film dann endlich eingefädelt war, was wohl einige Minuten in Anspruch nahm, stand der Bock immer noch unbeweglich da, nicht einmal einen Pfiff hatte er von sich gegeben. Nach ein, zwei weiteren Fotos schritt ich munter auf ihn zu, was ihn schließlich dazu bewegte, einige kurze Sprünge hangab zu tun an eine Stelle, die wohl sein Hauptstandort mit guter Fernsicht war, denn genau da hatte ich ihn schon öfters angetroffen. Die Entfernung zwischen uns betrug jetzt kaum dreißig Meter, und nach ein paar zusätzlichen Aufnahmen begann ich mit dem Bock zu sprechen, schließlich brüllte ich ihn in voller Lautstärke mehrmals an. Seine einzige Reaktion war, daß er sich daraufhin niederließ. Merkwürdiges Verhalten! Erfahrene Jäger würden mir wahrscheinlich erklären, es sei ja Brunftzeit und der Bock einfach abgebrunftet und todmüde. Doch das konnte in diesem Fall nicht so sein, denn für eine wesentliche Teilnahme am Brunftgeschehen war dieser Gamsbock eigentlich noch zu jung. Allenfalls wäre es möglich gewesen, daß der in diesem Gebiet stehende Platzbock den Halbstarken so lange herumgescheucht hatte, bis er sich an den einzigen Ort zurückzog, an dem der Alte den Jüngling in Ruhe ließ, eben hier, wo keine Geißen standen.

Im gleichen Revier, aber ein Jahr später, kam ich wieder im tiefen Winter daher gestapft und schritt am Fuße einer steilen Wand entlang, als über mir der vertraute Gamspfiff erscholl. Ich spähte empor und machte auf dem von einer mächtigen Föhre gekrönten Köpferl einen wohl älteren Bock aus. Das Plateau, auf dem er seinen Beobachtungsposten bezogen hatte, mündete in eine aus der Wand weit herausragende Wächte von Altschnee. Diese unsichere Brücke betrat das Tier, um besser hinabschauen zu können, doch mit einem Mal brach der Bock so tief ein, daß seine Hinterläufe auf der Unterseite des Bruchschnees herausragten. Ein wildes Rudern der Vorderläufe, mit denen er versuchte, wieder festen Boden zu gewinnen, war die Folge. Er schaffte das auch, wohl weil die Saligen Fräuleins, sagenumwobene Schützerinnen allen Gamswilds, ihre Hand über ihn gehalten hatten. Winter ist eben nicht nur die Zeit der Not und Nahrungsknappheit, das Wild ist dort oben außerdem hohen Gefahren durch unsicheren Schnee und Lawinen ausgesetzt.

Von manchen wird behauptet, Gemsen seien ein scheues Wild. So schlichtweg ist das aber nicht zutreffend: Bergwanderer stören den Gams wenig, sofern sie auf auch den Tieren bekannten Pfaden bleiben. Bestes Beispiel dafür bildet das obere Höllental, durch das einer der meistbegangenen Anstiege auf die Zugspitze, Deutschlands höchsten Gipfel, führt. An sonnigen Herbsttagen sind dort Karawanen rucksackbewehrter Wandervögel unterwegs, und das Gamswild, wegen der Schwierigkeit des Geländes jagdlich wenig beunruhigt, hält sich kaum einhundert Meter neben dem Steig friedlich äsend oder in Ruhestellung niedergetan auf, ohne sich durch den Menschenansturm sonderlich beunruhigt zu zeigen. Allerdings gibt es eine Fluchtdistanz – meiner Erkenntnis nach ist sie größer, wenn der Bergwanderer oberhalb des Krickelwildes daherkommt, und geringer, sobald er von unten ansteigt. Möglicherweise wirkt bunte Kleidung beruhigend auf das Wild, jagdliches Grün oder Grau erscheint mir manchmal nicht so günstig; verbinden Gemsen etwa unangenehme Erinnerungen damit?

In Regionen mit scharfer Bejagung über mehrere Jahre hinweg, z. B. aus Gründen der Bergwaldsanierung, ändern die Tiere ihr Verhalten gegenüber Menschen sehr auffällig. Warnpfiffe sind dort kaum mehr zu hören. Standortbehauptung, wie vorstehend geschildert, wird im offenen und deckungsfreien Lahner durch lange Fluchten bzw. durch stilles Wegdrücken in die nächste Latschendickung ersetzt. Häufig ist das Gamswild weg, ehe der Mensch seiner ansichtig wird. Unaufmerksamen Wanderern, die weder auf Trittsiegel, Losung, Verbiß oder andere Zeichen achten, könnte ein solches Revier wildleer erscheinen.

Doch zurück zu den Platzböcken! In den schroffen Kramerhängen, dort wo sich senkrechte Kalksteinwände in raschem Wechsel zu steilen Wiesenhängen und mit einzelnen Föhren bestandenen Latschenkuppen finden, geistert auch so ein Prachtkerl von Gamsbock umher. Hoch hat er auf, sehr hoch sogar, wenn man berücksichtigt, daß er angesichts seiner noch in kräftigem Schwarz getönten Zügel aller Voraussicht nach erst mittleren Alters sein dürfte. Wir beide kennen einander schon über einige Jahre hinweg, und mir liegen zahlreiche Fotos von unseren ebenso zahlreichen Begegnungen vor. Ich erinnere mich gut an einen regnerischen Frühjahrsmorgen vor zwei Jahren, ich war – mit der Kamera „bewaffnet“ – lange vor dem Morgengrauen aufgebrochen und durch Regenschauer und Nebelbänke den steilen Bergpfad hinaufgeklettert, da hörte ich eben an der Stelle, wo ich den Bock vermutete, ein leises Rascheln, das nur von einem Wildtier herrühren konnte. Ich ließ mich sofort zu einer Zigarettenpause nieder, denn der Tag war noch nicht richtig angebrochen und für

Tierfotografien herrschte kein Licht. Nach der zweiten Zigarette mußte ich zu meinem Leidwesen erkennen, daß es heute mit der Beleuchtung wetterbedingt nichts werden würde, so erhob ich mich wieder und setzte den Aufstieg fort. Kaum fünf Minuten war ich wohl gegangen, da sah ich den Bock gelbes Lahnergras äsen. Etwa im Minutenrhythmus hob er das Haupt und spähte zu mir herüber. Einfach neugierig war er und wahrgenommen hatte er mich schon bevor ich meine Ruhepause einlegte. Als ich mich vorsichtig näherte, zog er langsam unter einer Felswand rechter Hand hinüber. Offenbar wollte er auf einem nur von Gemsen benützten Wechsel über die Schneid und anschließend am steilen Nordhang hinab. Ich schaffte es, ihm den Weg dorthin abzuschneiden, und so blieb er, wo er war. Wohl eine halbe Stunde trieben wir dann, von beidseitigem Pfeifen und Bladdern begleitet, unser Spiel wechselseitiger Manöver. Zuletzt gelang es mir, bis auf vierzig Gänge an ihn heranzukommen, der Bock wandte mir dabei sein Hinterteil zu und äste seelenruhig weiter.

Ob es sich bei den hier geschilderten Begegnungen um echte Revierverteidigungsaktionen im Sinne der Verhaltensforschung handelt, will ich nicht beurteilen. Allein, deutlicher verständlich machen kann sich ein Tier einem Menschen gegenüber nicht, und die übermittelte Nachricht lautete stets: „Hier stehe ich und Du hast an diesem Platz nichts zu suchen, verschwinde schleunigst!"

Mein wohl tollstes Abenteuer mit Gamsböcken datiert auf den 31. März 2001. In den Tagen zuvor hatte heftiges Tauwetter mit Föhnwind den Schnee auch in der Höhe bis auf bescheidene Reste zusammenschmelzen lassen. Doch dann folgte ein plötzlicher Kältesturz: es wurde kalt und über Nacht fiel Neuschnee. Schon vor Tag und Tau war ich wegen der Schonzeit mit der „leisen" Büchse im Kaliber 8 x 600 mm aufgebrochen, hatte bereits die ersten 500 Höhenmeter erklommen, war unter zerklüftetem Gewänd hindurchgewandert und betrat nun einen weiten, leicht ansteigenden Lahnerhang, der mit vereinzelten Föhren bestanden und von mehreren krummerlen- und latschenüberwucherten Kögerln unterbrochen war. Hier durfte ich im Winter sicher hoffen, auf Scharlwild zu stoßen.

Doch was war denn nun hier wieder los? Die etwa handtiefe Pulverschneeauflage war in weitem Umkreis kreuz und quer von Gamsfährten durchpflügt und ganz offenkundig nicht von geruhsam ziehendem Wild, nein die Tiere waren flüchtig durchs Gelände geprescht. Rasch nahm ich den Objektivdeckel von der Kamera und stellte die Automatik auf Serienfotos ein. Erst dann schritt ich durch weichen Pulverschnee lautlos weiter.

Und da geschah es plötzlich! Über mir in der Höhe, wo wieder steile Wände abfielen, sprangen in einer Kluft Gemsen herab. Eins, zwei, drei, vier, dann folgte noch etwas Kleineres, das ich im Eifer des Gefechts nicht zu erkennen vermochte. Mein Gott, das waren ja alles Böcke! Längst hatte ich die Kamera am Bergstecken angestrichen und ließ den Film durchlaufen. Die Böcke kamen in rasender Fahrt den Hang herab direkt auf mich zu, trennten sich dann, zwei rechts, zwei links. Kaum fünfzig Gänge voraus verhielt einer von ihnen mitten auf dem Steig, starrte zu mir her und pfiff mich heftig mit den Vorderläufen stampfend und schneescharrend aus. Durch das Kameraobjektiv erkannte ich erst jetzt, um welches Kaliber von Gams es sich handelte. Dieser war absolut kapital und gut und gerne seine 14 Jahre alt!

Der erste Farbdiafilm war verschossen und machte einen Filmwechsel erforderlich. Da ertönten dicht hinter mir erneut Pfiffe, und als ich mich umwandte, stand da stampfend und mich fixierend ein zweiter, ebenso kapitaler Gamsbock. Wollte mich der etwa hinterrücks anfallen? Während die Kamera wieder surrte, gewahrte ich aus den Augenwinkeln den dritten, etwas jüngeren Bock aus der Altherrenriege knapp unterhalb meines Standorts. Auch der sah nicht so aus, als wollte er mit mir viel Federlesen machen.

Über mir – an ein paar Stauden – stand der vierte Kerl und dicht daneben ein Jahrlingskitz. Erst als er einige Schritte weiterzog, bemerkte ich, daß es sich in Wahrheit um keinen Bock, sondern um eine ältere Geiß handelte. Eine Gamsgeiß mit hoher, starker und gut gehackelter Bockkrucke. So etwas soll ja gelegentlich vorkommen, wie mir ältere Jäger berichtet hatten! Der rasende Tanz setzte sich wieder in Bewegung. Die zottig schwarzen Teufel umsprangen mich in wildem Reigen, Schnee stob, Steine flogen und Geäst wirbelte umher. Der jüngste der drei Böcke kam mit einem Mal in einem riesigen Satz aus zwei verschneiten Jungfichten heraus direkt auf mich zugeflogen, sodaß ich mich unwillkürlich erschrocken wegduckte. Ständig musste ich in die Runde blicken, weil ich tatsächlich befürchtete, plötzlich am Gesäß gehackelt zu werden. Gamskrucken sind nämlich pfeilspitz und können erhebliche Verletzungen herbeiführen. Also stellte ich mir mehr als einmal ernsthaft die Frage, ob ich den verrückten Tanz der wilden Derwische nicht durch lautes Rufen abbrechen sollte. Angesichts der einzigartigen Chance für Nahportraits und Serienaufnahmen mit Bewegungsstudien springender Gemsen unterließ ich dies jedoch, und so nahm das Imponierschauspiel der hier nie zuvor gesehenen Altböcke ungebrochen seinen Fortgang, während die Bockgeiß von oben herab nur noch zuschaute. Für Stellungskrieg und Kampfhandlung sind bei den Gemsen die Mannsbilder zuständig. Fast eine halbe Stunde dauerte das Spektakel, dann verloren die Böcke mit einem Mal jegliches Interesse an mir, federnd sprang die Gruppe hangabwärts und verschwand in einem Felsschlund. Bei der Bewertung einer so heftigen Demonstration von Kraft und Stärke ist sicherlich Vorsicht geboten. Ich meine aber, daß die Burschen einfach übermütig waren und den Versuch unternommen hatten, dem in ihr Territorium Eingedrungenen einen gehörigen Schrecken einzujagen. Das zumindest war ihnen absolut gelungen!

Seit ich den Jagdschein besitze, habe ich mich gefragt, warum es einen so großen Unterschied macht, ob man Gams mit dem Gewehr oder mit dem Fotoapparat in der Hand anpirscht. Wenn ich Letzteren führte, gelang es mir in der überwiegenden Zahl der Begegnungen weit besser, auf eine für den „Schuß“ günstige Distanz an das Objekt meiner Begierde heranzukommen. Daß der Gams unterscheiden kann, ob da ein Jäger oder Fotojäger daherkommt, möchte ich bezweifeln. Einzig im Verhalten des Menschen kann die Ursache zu finden sein. Wie heißt es doch, „Frechheit siegt!“ Und so verhält es sich vielfach auf der Gamspirsch. Wer verstohlen pirschend daherkommt, unterscheidet sich für das Wild deutlich von Bergtouristen und ist verdächtig. Wer sich hingegen wie hunderte anderer Wanderer verhält, wird als Gefahrenquelle von vorne herein ausgeschieden.

Vom Rehwild im Bergwald

Unter allen heimischen Wildarten ist das Rehwild für mich eigentlich immer die geheimnisvollste geblieben. Während der Jahrzehnte meiner Bergwander- und Wildbeobachtungspraxis kam ihm die geringste Bedeutung zu. Hin und wieder in der frühen Morgendämmerung am Waldrand ein kurzer Anblick, ein abspringendes Stück, wenn ich einsame Steige steil hangan klomm, oder ein Böckchen im Juli, das seine Geiß im ersten Sonnenlicht über einsame Almböden trieb. Viel anfangen konnte ich mit all den kurzen Begegnungen eigentlich nie.

Doch dann meldete ich mich zum Jagdlehrgang an, und da änderte sich meine bisherige Einstellung zum „Bambi" spontan. Wie überhaupt diese Schulung eigentlich mein ganzes Leben wandelte. Die Natur nahm plötzlich ein neues Gesicht an, und ich sah auf einmal viele Dinge und Zeichen in ihr, die ich zuvor jahrzehntelang überhaupt nicht wahrgenommen hatte.

Wie Rehe leben, ist hinreichend bekannt. Im Großen und Ganzen stehen die Tiere einzeln und sehr reviergebunden. Rehböcke, denen in den ersten Monaten des Jahres ein neues Gehörn als Ersatz für das im Herbst abgeworfene wächst, zunächst von einer durchbluteten Bastschicht umgeben, beginnen im März und April, wenn das frische Gehörn, das ja eigentlich ein Geweih ist, „geschoben" wurde und der Bast hormonell gesteuert abstirbt, mit dem Fegen des Kopfschmuckes an Büschen und Ästen. Die abgestorbene Haut juckt dann vermutlich, der Bock will sie auf diese Weise endlich loswerden. An Stirn und Hinterläufen haben Rehe Duftdrüsen, mit deren Sekret der Rehbock beim Fegen Duftmarkierungen absondert, sein Einstandsgebiet abgrenzt und so ein Warnzeichen für Gegner setzt. Auch weibliche Rehe – standorttreu wie die Böcke – markieren und verteidigen Reviere gegen Nahrungskonkurrenten, nämlich andere Ricken. Die Lebensräume von Bock und Geiß sind dabei nicht gleich, sie überlappen sich meist. Ab dem Frühjahr ist der gesamte Bergwald eigentlich durchzogen von für den Menschen nicht wahrnehmbaren Geruchszäunen. Fällt ein Reh durch Tod aus, verschieben sich die Grenzen, aber sofort füllen bisherige Anrainer den neu hinzugekommenen Freiraum aus.

Grenzstreitigkeiten sind besonders bei den aggressiven Rehböcken stark ausgeprägt, weil sich das alles jedoch recht lautlos abspielt, nehmen die meisten Menschen es nie wahr. Da sich der Duftstoff innerhalb weniger Stunden verflüchtigt, müssen Revierzäune mehrfach täglich abpatrouiliert und neu markiert werden. Je höher der Rehwildbestand eines Waldstücks ist, desto häufiger begegnen sich Rivalen und desto öfter sind die Grenzen nachzuziehen. Wegen hohen Besatzes sind folglich die Eigenreviere auch kleiner. Dies wiederum führt bei den Einzeltieren zu sozialem Streß, der sich abträglich auf die Entwicklung auswirkt. Jäger sprechen dann von „kümmerndem“ Wild und betrachten es als wichtige Aufgabe, in einer Zeit, da Wolf und Luchs als natürliche Feinde fehlen, für eine dem Biotop angepaßte Wilddichte und ein ausgeglichenes Geschlechterverhältnis Sorge zu tragen. Als normaler Bestand gilt heute eine Rehdichte von 6 bis 10 Stück je 100 Hektar, allerdings hängt dies sehr stark von der Örtlichkeit mit unterschiedlichem Nahrungsangebot und Einstandsmöglichkeiten ab.

Der Hamburger Naturwissenschaftler Rolf Henning hat in Untersuchungen herausgefunden, daß sich die Rehe eines Waldstückes alle persönlich gut kennen und auch über die Rangordnung untereinander genau Bescheid wissen. Besichtigt ein rangniederer Bock ein Grundstück, auf das schon ein Ranghöherer seine Lichter geworfen hat, so genügt es meist, wenn der in der Hierarchie höher Stehende mit einer Drehung des Hauptes seinen Rivalen beäugt und dabei die Lauscher zurücklegt, um den Untergebenen zu augenblicklicher Flucht zu veranlassen.

Es ist schon einige Jahre her, da führten mir Rehböcke ihr Revierverhalten sehr deutlich vor. Damals querte ich häufig einen laubwaldbestandenen Steilhang, durch den etwa auf halber Höhe ein ganz verwachsener Forstweg führte, den ich mir als Pirschweg ausgewählt und von Laub und herabgefallenen Zweigen sorgfältig freigemacht hatte, sodaß man sich ganz geräuschlos darauf fortbewegen konnte. Und eben mein Pirschpfad mußte damals die Reviergrenze zweier starker Platzböcke gewesen sein – der eine hatte seinen Einstand unterhalb, der andere oberhalb davon. Bewußt geworden ist mir diese Konstellation aber erst durch die Anwesenheit eines dritten Rehbocks. Der nämlich war sehr jung, konnte sich gegen seine Rivalen noch nicht behaupten und kein eigenes Territorium erkämpfen. Als Folge hielt er sich immer in unmittelbarer Nähe meines Steiges auf, denn das war für ihn der einzige Platz, an dem ihn die anderen wohl so halbwegs in Ruhe ließen. Für mich als Jäger wurde das aber zu einer unzumutbaren Belastung, denn wann immer ich kam – und ich kam fast täglich – nahm mich das Böckchen sofort wahr, fing an, lang andauernde Schrecklaute auszustoßen, rannte hochflüchtig den Pfad davon, geriet dabei meist in Konflikt mit dem oberen oder dem unteren Platzbock, und ich weiß nicht mehr, wie oft er in meine Richtung zurückgestoben kam, einen von den Starken ihm dicht auf den Fersen. Angesichts dieses fast hysterisch wirkenden Bürschleins war an Jagd nicht mehr zu denken, das Spiel zog sich auch durch den ganzen Sommer so fort bis in den Herbst hinein. An einen Kapitalen kam ich unter diesen Umständen natürlich nicht heran.

Eines grauen Septembermorgens – die Nacht über hatte es länger geregnet – pirschte ich abermals durch meinen Steig. Nach kaum zehn Minuten stieß ich auf meinen lautstarken Jüngling, der mich sofort wahrnahm und trompetend flüchtete. Als schließlich wieder Frieden einkehrte, wanderte ich dann trotzdem die ganze Länge des Hangs weiter. Nach einer kurzen Pause ging ich wieder zurück und stieß plötzlich auf frische Trittsiegel im aufgeweichten Boden, die zuvor noch nicht dagewesen waren.

Wenig später sah ich den Bock aber unterhalb von mir friedlich äsen und erlegte ihn knieend aufgestützt auf mittlere Distanz. Zu den waidmännischen Meisterleistungen zählt der Abschuß dieses 2-Jährigen wahrlich nicht, aber seither herrscht wieder Ruhe im Revier. Anhand der Fährten habe ich später den Hergang rekonstruieren können: Das Böckchen war auf dem Weg von mir fortgeflüchtet, dann schräg den Hang hinauf und in ein Gebüsch, kaum zwanzig Meter oberhalb meines Pirschsteigs. Da hatte er mich seelenruhig an sich vorbeigehen lassen und war dann zufrieden hangab zum Äsen ausgezogen.

Im Mai setzen die Geißen ein bis zwei Kitze, die im Gebüsch oder hohen Gras abliegen, wenn die Mutter Nahrung sucht. Die Kitze haben vorerst keinen Eigengeruch, weshalb sie z.B. der Fuchs nicht so leicht wahrnehmen kann, damit hat das Rehwild im Laufe der Evolution eine ganz wesentliche Überlebensstrategie zur Arterhaltung entwickelt. Bis zu 19 mal täglich, so haben Wildbiologen ermittelt, sucht die Geiß nun die Kitze, die noch keine Scheu vor Menschen kennen, zum Säugen auf und verabreicht mit der Milch gleichzeitig eine die Abwehr stärkende Schluckimpfung.

Das Fluchtverhalten ist also nicht in den Genen der Tiere vorprogrammiert, sondern durch spielendes Üben von der Mutter erlerntes Verhalten. Schon nach wenigen Wochen folgen die Jungen der Alten und beginnen erste Kräuter und Knospen zu äsen. Wissenschaftler bezeichnen Rehe als sogenannten „Nahrungsselektierer“, weil sie nicht wahllos Pflanzen nehmen, vielmehr ganz bestimmte Kräuter, Sprößchen und Blattwerk bevorzugen. Mit Fug und Recht darf man sie auch als „Kulturfolger“ bezeichnen, da sie sich auch in von der Zivilisation, menschlicher Besiedelung und Landwirtschaft überwucherten Biotopen weit besser zu behaupten wissen als anderes Wild.

Wenn Rehe auch ausgesprochen standorttreu leben, ist ihre Bejagung, sei sie vom Ansitz oder pirschend betrieben, doch stets von Unvorhersehbarem geprägt und immer spannend. Und falls manche Jäger meinen, den ganzen Bestand ihres Reviers genau zu kennen, so irren sie. Überwiegend werden nämlich Böcke erlegt, die niemand je zuvor gesehen hat. Im Altholzbestand der Reschbergwiesen, einem Revierteil, den Berufsjäger häufig aufsuchen und von dem sie glauben, alles Wild zu kennen, habe ich vor zwei Jahren auf der Pirsch einen guten Rehbock erlegt, dessen Trophäe meinen Freund und Leiter des zuständigen Forstamts zu dem Ausruf verleitete: „Heiliger Hubertus – jetzt brauch' I' an Schnaps!“

Im Folgejahr ist dort ein würdiger Nachfolger eingezogen, den außer mir wohl kein Waidmann kennt. Natürlich wollte ich auch den unbedingt haben – man hat ja schließlich einen Ruf zu verteidigen! Unzählige Pirschen, Ansitze und tagelanges Grübeln über die besten Strategien folgten, gesehen habe ich ihn zwar nie wieder, doch wenigstens schrecken gehört. Auf halber Höhe eines Hangs mit gutem Überblick nach drei Richtungen war ich unter einer Fichte in Ansitz gegangen. Der Wind stand gut, bloß saß man äußerst unbequem, und ab und an mußte ich mich erheben, um mir die Beine zu vertreten. Trotzdem erwies sich die Mühe alles andere als langweilig: Ein Alttier trat aus und äste den Forstweg entlang, dann noch eines, ein Fuchs schnürte vorbei und ein Hase vertrieb mir sicher eine halbe Stunde die Zeit. Wie ich mich so bei schwindendem Licht wieder einmal aufstellte, ertönte heftiges und lautstarkes Schrecken keine fünfzig Meter hinter mir hangauf, und im niedrigen Buschwerk gewahrte ich für

Sekundenbruchteile ein dunkles Rehgehörn. Während ich gespannt paßte, hatte mich der Bock – listig wie er war – von hinten angepirscht.

Der Monat Juli ist die Zeit der Paarung im Rehrevier, „Blattzeit" nennt das die Jägerschaft. Der Bock gesellt sich dann, jeweils für mehrere Tage, den brunftigen Damen seines Gebiets zu und treibt sie, bis es zur eigentlichen Begattung kommt; „Hexenringe" in Form kreisrunder niedergetretener Grasflecken sind bald deutlich zu sehen. Die Tragezeit der Ricken dauert durchschnittlich 290 Tage und ist damit unverhältnismäßig lang unter den Wildtieren. Bei beschlagenen Rehen setzt nämlich – hormonell gesteuert – zunächst eine Vortragezeit, die sog. „Eiruhe" ein, die bis etwa Mitte Dezember andauert. Erst dann kommt es zur Einnistung des Keims im Tragesack und erst damit beginnt die Austragezeit mit einer Dauer von fünf Monaten. Durch das Phänomen der Eiruhe hat die Evolution bei Rehen per Selektion eine besondere Überlebensstrategie auf den Weg gebracht, bei der der Energiehaushalt eines Muttertiers zur Zeit der Empfängnis der Jungen vorerst entlastet wird, sodaß es körperlich gestärkt in die nahrungsarme Notzeit des Winters geht und andererseits die Jungen im Folgejahr erst zur Welt kommen lässt, wenn dies von den Temperaturen her vertretbar und vom Nahrungsangebot günstig erscheint. Manchmal kommt es aber vor, daß Ricken im Sommer nicht zur Befruchtung gelangen, sondern im November eine Nachbrunft erleben. Sollten sie dann beschlagen werden, entfällt die Eiruhe, sie wäre ja auch nur schädlich, da die Kitze dann zu spät gesetzt und den Folgewinter kaum überleben würden.

Es ist schon etliche Jahre her, da konnte ich eine Nachbrunft einmal beobachten. Mitte November war es und ich befand mich im Gebiet der Rotmoosalm auf etwa 1.000 Metern Höhe. Braunes Lahnergras, von Herbststürmen bereits vom Blattwerk leergefegte Laubbäume und darin ein ordentlicher Rehbock, der eine Geiß heftigst trieb und von dem entgeisterten Beobachter in seiner Nähe überhaupt keine Notiz nahm.

Im Spätherbst verlieren die Böcke ihr Gehörn, Reviergrenzen fallen jetzt, und besonders im Flachland gesellen sich Tiere beiderlei Geschlechts zu Gruppen, den sogenannten „Sprüngen", zusammen. Bisherige Verhaltensweisen werden nun aufgegeben und dem Diktat von Witterung und Nahrungsnotstand untergeordnet. Obwohl gelegentlich von älteren Tieren berichtet wird, darf man davon ausgehen, daß die Lebensspanne des Rehwilds im Schnitt 10 bis 12 Jahre nicht überschreitet.

Wissenschaftliche Untersuchungen ergeben, daß Rehen die Fähigkeit zum Farbsehen fehlt, so sollen sie, wie Versuche zeigen, beispielsweise Rot nicht von Grün unterscheiden können. Bei Säugern ist das Talent, Farben zu erkennen, höchst unterschiedlich ausgebildet. Die Skala reicht vom Menschen und einigen Affenarten, die dies sehr gut können, über Pferde, Schafe und auch Rothirsche mit gutem Farberkennungsvermögen, bis hinab zum Reh, das solches Spezialistentum zur Sicherung des Überlebens offenbar nicht benötigt.

Unser Rehwild hat in seiner Geschichte, sowohl räumlich, vor allem aber symbolhaft, einen sehr, sehr weiten Weg zurückgelegt. Räumlich, weil es sich vor Zehntausenden von Jahren, aus der asiatischen Steppe kommend, Lebensräume in ganz Europa erobert und alle ihm geeigneten ökologischen Nischen besetzt hat. Symbolhaft, weil es sich in kaum einem Jahrhundert in der Vorstellung vieler Menschen vom liebevollen, sanftmütigen „Bambi" eines Felix Salten bis hin zum verbrecherischen Waldvernichter entwickelte. Beides ist so unsinnig, abwegig und töricht, daß man eigentlich kein Wort darüber verlieren sollte.

Rehe sind, so ruhig, still und sanft sie dem flüchtigen Beobachter auch erscheinen mögen, ganz aggressive Wesen, die Artgenossen auch gelegentlich mitleidlos töten. Wenn desgleichen nicht allzu häufig geschieht, so liegt das an der hohen Fluchtfähigkeit des jeweils unterlegenen Bockes. Die Rehbockattacke erfolgt nämlich im Gegensatz zu einem wutschnaubend anstürmenden Stier oder Widder relativ langsam, gleichsam als nähme er zuvor Maß, bis er die Blöße des Gegners ertastet hat. Aber dann, fast unerwartet, erfolgt ein blitzartiger Vorstoß, bei dem vor allem die spitzen Stangen starker Spießerböcke die Bauchdecke des Gegners durchdringen und zu tödlichen Verletzungen führen können.

So berichtete eine Zeitschrift in ihrer Augustausgabe 2002 von einem Landwirt im bayerischen Kreis Roth, der einen sterbenden Rehbock gefunden hatte, dem im linken Licht (Auge) eine abgebrochene Gehörnspitze steckte, die bis ins Hirn eingedrungen war. Da sich bereits Maden in der Wunde eingenistet hatten, mußte der Zweijährige mindestens einen Tag mit der Verletzung umhergeirrt sein.

Doch nicht nur gegen Artgenossen richtet sich ihre Angriffslust, auch Menschen sind häufiger, als man dies weiß, attackiert worden. Letztes Jahr ist aus dem Zollernalbkreis in Baden-Württemberg ein Fall bekannt geworden, in dem eine Treiberin bei der Drückjagd geforkelt wurde und danach operativ behandelt werden mußte. Und im oberbayerischen Murnauer Moos wurde ebenfalls vor Jahren ein Mountainbiker durch einen Rehbock vom Fahrrad geworfen und konnte sich anschließend nur mit Hilfe dieses Rades gegen weitere Attacken notdürftig verteidigen. Auch der angeblich so zahme Rehbock „Hansl" aus der Traunsteiner Region machte in der Presse Schlagzeilen, brach aus seinem Gehege aus, griff eine junge Frau an, die in der Nähe mit Vermessungsarbeiten betraut war, und verletzte sie am Oberschenkel. Selbst deutsche Gerichte wurden schon in Sachen „Rehbockangriff" bemüht. Eine 54jährige Dame samt Hündchen während eines Spaziergangs im Oldenburger Stadtwald angegriffen und verletzt, forderte von der Stadt die Übernahme der Arztkosten für sich und ihren Hund sowie Schmerzensgeld von 5.000 Mark. Das Urteil des Landgerichts Oldenburg ist unter dem Aktenzeichen 5 O 3269/99 ergangen und lautet: „Der Angriff eines Rehbocks gehört zu den allgemeinen Lebensrisiken und rechtfertigt keinen Schadensersatz- oder Schmerzensgeldanspruch". Schön, daß wir das nun auch wissen!

Der große Verhaltensforscher Konrad Lorenz berichtet in seinem Buch „Er redete mit dem Vieh, den Vögeln und den Fischen" von der amerikaweiten Studie des Zoodirektors Hornaday, nach der zahme und in Gefangenschaft gehaltene Rehböcke an Tierwärtern statistisch gesehen mehr Unglücksfälle anrichteten als in Käfigen gehaltene Löwen, Tiger und andere Raubtiere. Soviel zu Saltens „Bambi".

In guter Erinnerung ist mir noch ein Morgenansitz auf einer Leiter in steil abfallendem, lichtem Buchengehölz. Hinter mir verlief fast in Augenhöhe ein verwachsener Holzabfuhrweg, und auf dem kam mir plötzlich und für ein Reh unverhältnismäßig laut ein junges Böckchen mit sehr guter Veranlagung daher, sodaß sich ein Abschuß verbot. Der Grant war ihm förmlich ins Gesicht geschrieben, Zorn und Aggression schüttelten seinen Körper ordentlich durch und er bewegte sich auf staksig steifen Läufen, daher der Lärm beim Ziehen. Unmittelbar hinter mir verhielt er, und ich konnte gut beobachten, wie sich der Frust bei ihm nur sehr zögerlich abbaute und er seinen Ärger erst etliche Minuten später wieder vergaß und zu friedlichem Äsen überging. Offensichtlich hatte ihm der Revierherr weiter oben auf der Hochfläche zuvor ordentlich eingeheizt.

Vergangenen Herbst befand ich mich am Waldrand auf Pilzsuche. Ich hatte bereits eine größere Wegstrecke zurückgelegt, als ein kräftiger Rehbock vor mir im Gebüsch auftauchte und mit tiefer Stimme laut zu schrecken begann. Statt aber nun in deckungbietendes Laub zu flüchten, sprang er plötzlich direkt auf mich zu, fegte an mir vorbei in eine offene Wiese hinein und direkt auf eine verkehrsreiche Landstraße zu. In der Aufregung übersah er dabei jedoch ein Hindernis in der Form eines Lämmerpferchs. Der Schäfer hatte dort ein weitmaschiges rotes Nylonnetz an ins Erdreich gerammten Eisenstäben befestigt, und da hinein sprang der närrische Kerl mit voller Wucht. Zwei Stützpflöcke segelten durch die Luft, das Netz wölbte sich weit nach hinten und federte dann samt Bock – einem ins Netz springenden Trapezkünstler nicht unähnlich – wieder zurück. Die wilde Akrobatik war damit aber keineswegs zu Ende, denn nun hatte sich sein überlauscherhohes, gut geperltes Gehörn im Netz verfangen. Was folgte, war rasendes Toben, das sich sehen lassen konnte. Da war wohl Hilfe angesagt, und so kramte ich bereits nach meinem Jagdmesser, um ihn gegebenenfalls freischneiden zu können, was sicher nicht unbedingt harmlos hätte ausgehen können. Doch dazu kam es nicht mehr, plötzlich stand er wieder frei da, glotzte zu mir herüber, trompetete mich an und rannte zurück in seinen Wald.

Es ist schon erstaunlich, wo sich Rehböcke so überall herumtreiben. Selbst aus Seenot hat man sie schon retten müssen, wie eine deutschsprachige Jagdzeitschrift 2001 berichtete. Demnach erhielt die „Hans Hackmach“, Seenotkreuzer der Gesellschaft zur Rettung Schiffbrüchiger SDGzRS einen Funkruf der Büsumer Hafenbehörde, ob man nicht einem vor der Außenmohle schwimmenden Rehbock helfen könne. Wenig später vermeldete die „Hans Lübke“, ebenfalls DGzRS, zwischen den nordfriesischen Inseln Nordstrand und Südfall die Rettung eines weiteren Bockes aus den Fluten. Beide Tiere wurden an Land gebracht und ausgesetzt.

Ende der siebziger Jahre brachte der bekannte Journalist Horst Stern eine Sendung über Hirsche und Hirschjäger in die Fernsehkanäle. Von allzu hohen Wildbeständen mit ihren verheerenden Auswirkungen auf den deutschen Wald wurde ebenso berichtet wie über elitäre Vorstellungen der Jägerschaft. In der Folge machten sich landauf, landab Scharen selbsternannter Naturschützer zur Rettung des Waldes auf. Die Wildverbißbelastungen an jungen Baum- und Strauchpflanzen wurden vermessen und gezählt und Statistiken erstellt, die eindeutig nachwiesen, dass der Wald sich angesichts überhöhter Wildbestände nicht mehr auf natürlichem Wege verjüngen könne. Ein Zeitung betitelte ihren Aufsatz hierzu mit „Das Reh frißt den deutschen Wald auf". Fort mit dem Schädling!

Die Kampagne zeigte schließlich Wirkung, die Behörden sahen sich genötigt, die Abschußpläne gegen den Willen der Jägerschaft zu erhöhen. Erst in allerjüngster Zeit scheint ein allmählicher Umdenkprozeß einzusetzen. Ich kann dazu nur Folgendes sagen: Pflanzenfressende Tiere fressen eben Pflanzen und das Überleben des Bergahorns, der jährlich zigtausende von Samen abwirft, aus denen im Folgejahr zigtausende von Jungpflänzchen aufwachsen, ist nicht gefährdet, wenn die Hälfte dieser Pflänzchen vom Wild geäst wird. Eine ernste Bedrohung des Waldes durch unser Wild bestand wohl nie und wird auch in freier Wildbahn nie bestehen. Auf einigen kargen schottischen Inseln hatte man vor Jahrzehnten Rothirsche ausgewildert und die Population lange sich selbst überlassen. Die dabei gemachten Erfahrungen mit Übervölkerung und Umweltschäden sind Sonderfälle, die eigentlich nur den Schluß zulassen, daß eine jagdliche Nutzung eben doch unerläßlich ist. Derartige Studien auf den heimischen Wald übertragen zu wollen, ist wenig seriös.

Der Geisterbock

Trapp, trapp, trapp – einige Momente Ruhe und dann wieder trapp und trapp – plötzlich ein seufzerähnlicher Laut, begleitet von leisem Rascheln: Ich hatte einen Rehbock gähnen gehört, der sich gerade im Laub niedertun wollte.

Obwohl erst Anfang Juni, war es drückend heiß. Es hatte seit Tagen nicht mehr geregnet, und die Trockenheit des Wald- und Wiesengrundes, auf dem noch überall unverrottetes Buchenlaub des Vorjahres lag, ließ in der Stille unseres abgelegenen Tales jede Bewegung am Boden zum laut raschelnden Geräusch werden. Ansonsten war bei totaler Windstille kein Ton zu vernehmen, es herrschte eine geradezu „dröhnende" Lautlosigkeit.

Bereits gegen sechzehn Uhr hatte ich das Auto an der Abzweigung der forstlichen Stichstraße abgestellt, war auf dem geschotterten Weg in Richtung Berghang gepirscht, dann den Ziehweg steil hangauf gestiegen und hatte meinen Ansitz, Lektüre im Handgepäck, belegt. In der Regel ist ein so frühzeitiger Aufbruch für einen Waidmann nicht erforderlich, aber ich wollte, daß meine Duftspur, die ich unweigerlich hinterlassen mußte, „altern" sollte.

Und so saß ich nun bereits den fünften Abend auf dieser eigentlich für den Rotwildjäger angelegten hohen Kanzel. Rechter Hand schaute ich über einen etwa 15 Meter breiten, mit allerlei Buschwerk bestandenen grasigen Streifen, begrenzt von wohl 10-jährigem Fichtenjungholz, das sich weit nach Norden hinzog. In meiner Hauptblickrichtung lag der mit niedrigem Buchengebüsch dünn bestandene Lahner, auf dem in der Dämmerung hin und wieder ein Rotalttier ausgetreten war. Den Horizont des halbrunden Talkessels bildeten in cirka 300 Schritten Entfernung steil ansteigende Wiesen, vom Schutzwald begrenzt. Zu meiner Linken ging es schroff bergan, mehrere hoch aufgeschossene Buchen nahmen mir jede Sicht. Nach hinten, dort wo ich auf der Holzabfuhrspur aufgestiegen war, sah ich zwischen einigen Uralttannen bis auf den Talboden hinunter.

Als die Sonne endlich hinter dem Grat untertauchte, war das für mich und auch für den Rehbock, der sich vorhin kaum 80 Meter hangan auf einer kleinen Kuppe niedergetan hatte, reinste Erlösung, denn die Temperatur sank unmittelbar auf ein erträgliches Maß ab. In der, lediglich hin und wieder von hoch am Himmel ziehenden Düsenflugzeugen unterbrochenen fast geisterhaften Stille hörte ich deutlich, wie sich das Wild wieder erhob, um in Ruhe Äsung aufzunehmen. Vier Tage Morgen- und Abendansitz an diesem Platz und der Rehbock war nicht ein einziges Mal ausgetreten. In den Morgenstunden hatte ich ihn nie wahrgenommen, doch abends war er noch immer gekommen.

Vorgestern habe ich es dann nicht mehr ausgehalten, baumte ab, schlich quälend langsam auf den weichen Sohlen meiner Pirschschuhe jedes trockene Blatt und jeden Zweig am Boden meidend, die paar Schritte zu dem steinigen Ziehweg zurück und kletterte von einem festen Stein zum nächsten balancierend höher, bis ich nach einer Biegung die Kuppe schließlich einsehen konnte, und erblickte für Sekunden ein altersgraues Rehgesicht mit steil aufgerichteten Lauschern und braunen Lichtern, die böse zu mir herabfunkelten. Zwischen diesen Lauschern aber, und das war das eigentlich Aufregende, gewahrte ich zwei lange engstehende Spieße, die in ihrer scheinbaren Endlosigkeit Furcht einflößten. Vor allem die Fachliteratur bezeichnet derartige Böcke als „Mörder", die mit ihren gefährlichen Kampfwaffen andere gut veranlagte Böcke abzuschlagen in der Lage sind und sich dadurch in erhöhtem Maße weitervererben; der Heger habe geradezu die Verpflichtung, sie zu erlegen. Obwohl Forschungen jüngeren Datums dies bestreiten, ist die Frage noch nicht hinreichend geklärt. Der Gewitzte Alte hatte mich weder kommen hören, noch meine Witterung aufnehmen können, mich aber sofort eräugt. Was danach folgte, war kein lautes Schrecken und Abspringen, das Wild tauchte einfach weg und blieb verschwunden und ich befürchtete, es vergrämt zu haben. Doch am nächsten Abend war es wieder da, so auch heute. Wo, heiliger Sankt Hubertus, trat dieser Bock nur zum Äsen aus? Die Plätze vor meiner Ansitzkanzel nahm er jedenfalls nicht an.

Eine Woche später: Das Wetter hatte inzwischen gewechselt, und starke Gewitterschauer waren niedergegangen, da habe ich in der Mittagszeit zusammen mit meiner Frau eine Ortsbegehung vorgenommen. Auf der Kuppe fanden wir in feuchtlehmigen Löchern zahlreiche Trittsiegel, einmal sprang auch ein Schmalreh ab. Sonst nichts! Ich habe mich dann mehrere Abende lang auf einem Bodenansitz weiter nördlich herumgeplagt, denn dort hätte er allenfalls langkommen können, aber abgesehen von zwei

Füchsen hatte ich keinen Anblick. Die örtliche Jägerschaft kannte diesen Rehbock nicht, und mein Freund Claus äußerte lediglich und wohl auch ein wenig ungläubig: „Wenn so einer sich weitervererbt, nacha seh'n mir bald gar nix mehr im Wald!"

Es kam die Blattzeit, und ich bestieg abermals die einsame Rotwildkanzel und wiederum so frühzeitig am Nachmittag, daß meine Pirschspur ausreichend Zeit hatte zu verwittern. Stille, Hitze, Sonnenschein! Dann, kurz nach 17.00 Uhr, ein sich von hinten rasch näherndes lautes Krachen und Brechen im Fichtenjungholz, das sich anhörte, als führe ein Traktor mit schallgedämpftem Motor durchs Unterholz. Die Geräuschwelle aus berstendem Dürrholz und fetzendem Grünkraut kam schnell daher, zog unter mir vorbei und ungebremst nach Norden weiter. Ich war so verdutzt, daß ich erst in letzter Sekunde das Glas an die Augen riss und auf das wohl zweihundertfünfzig Meter entfernte Waldende richtete. Was herauskam, waren zwei Rehböcke in rasender Fahrt: Voran ein wohl jüngerer Sechser und ihm dicht auf den Fersen mein alter Griesgram von einem Spießer, der eben dabei war, seinen Rivalen über Berg und Tal zu forkeln. Beide flogen nur so über den breiten Lahnerstreifen hinweg und in den Hochwald hinein.

Wenig später trat, durch die lärmenden wilden Derwische auf die Läufe gebracht, das hier seinen Tageseinstand haltend Alttier dösend unmittelbar neben dem Ansitz aus und äste sichtlich verärgert hangab durchs Gebüsch. Den Stangenbock habe ich in diesem Jahr nicht mehr in Anblick bekommen, aber der Gedanke an ihn hat mich nie mehr losgelassen. Ich studierte Karten, dachte intensiv über das Terrain nach, entwickelte Pläne und verwarf sie wieder. Konnte es sein, daß der Ansitz die Untergrenze seines Reviers darstellte und daß dies der Grund war, warum er nie dort austrat? Lag sein eigentliches Gebiet höher im steilen Berghang? Andererseits sollte für einen Rehbock das Äsungsangebot, dort oben auf dichtes Lahnergras beschränkt, wenig attraktiv sein. Vielleicht müßte ich es weiter südlich versuchen.

Unmittelbar nach Aufgehen der Bockjagd, im Mai des Folgejahres, verbrachte ich den ersten Abend auf einem Bodensitz im hintersten Teil des Talkessels mitten im Hochwald aus Fichte, Buche und Bergahorn. Erlegt war der Bock nicht worden, ich hätte davon gehört, aber vielleicht war er im Winter zu Fall gekommen und nicht mehr am Leben

Zwischen den licht stehenden Stämmen mächtiger Bäume hatte man von hier aus, von einigem Buschwerk abgesehen, relativ gute Sicht mit einem Rundblick über wohl 150 Meter. Vor Jahren war ausgeholzt worden, jetzt führten die zurückgelassenen, teils metertiefen Spurrinnen kreuz und quer durchs Terrain. Wieder war ich sehr frühzeitig gekommen, und die Stunden angespannten Wartens verrannen nur sehr zögerlich, bis die Sonne endlich hinter dem Bergrücken verschwand und rosige Dämmerung einsetzte.

Da hörte ich plötzlich ein leises Rascheln, sah aber trotz intensiver Suche mit dem Glas nichts. Minuten später knackte ein abgestorbener Zweig viel näher und fast unterhalb meiner Position. Wenn ich auch zwischen den Bäumen bis auf die Forststraße hinabschauen konnte, ich gewahrte gar nichts. Wieder leises Knacken und Rascheln, kein Zweifel, dort bewegte sich ein Wildtier, kaum achtzig Schritte von mir entfernt, in einem gut einsehbaren Biotop, aber ich konnte beim besten Willen nichts ausmachen. Die Uhr zeigte nach neun Uhr abends, und das Licht schwand schnell. Kein Laut war mehr zu vernehmen. Hatte ich mich getäuscht? Hatte mir meine Fantasie etwas vorgegaukelt? Auf jeden Fall Zeit zum Aufbruch!

Eine letztes Mal glaste ich meine Umgebung ab und richtete dabei den Blick auch nach hinten, wo der Ansitz bis auf einen schmalen Spalt mit Brettern zugenagelt war, sodaß man knapp den Feldstecher hindurchschieben konnte. Da erschrak ich gehörig: Auf dem Fuhrweg, der dort in der Wendeschleife sein Ende fand, stand reglos ein Rehbock. Kontrastreich gegen den hellen Wegschotter scherenschnittartig abgesetzt, erkannte ich die langen, spitzen Stangen, scheinbar noch gewaltiger, als ich sie aus dem Vorjahr in Erinnerung hatte. Was tun? Es gelang mir nicht, Karabiner samt Zielfernrohr durch den engen Schlitz der Holzwand in Position zu bringen, und so starrte ich hilflos mit dem Feldstecher auf die schwarze Silhouette des Bockes mit den hohen, kräftigen Forkelspießen, bis zuletzt alles in tiefer Finsternis versank.

Offensichtlich hatte ich es hier mit einem Bock zu tun, dem es gelungen war, an mir vorbeizuziehen, den ich dabei auch wohl hören, nicht aber sehen konnte. Wie war so etwas möglich? Allenfalls denkbar, daß er eine jener tief eingeschnittenen Fahrspuren der Holztransporter benutzt hatte. Aber warum tat ein Wildtier so etwas? Durfte ich im zubilligen, sich der lebensbedrohlichen Gefahr durch den ansitzenden Jäger bewußt zu sein? Kaum möglich, denn wenn dem so wäre, hätte ich es hier mit einer intellektuellen Leistung ohne Gleichen zu tun. Wie sollte man so einen Rehbock als Jäger überhaupt stellen? Immerhin waren sowohl sein Einstand als auch seine Äsungsgebiete jetzt eindeutig lokalisiert. Um dorthin zu gelangen, zog er vermutlich täglich von der Kuppe, natürlich stets in bester Deckung, durch den Mischwald herab, querte dann den Forstweg und drang in die ebene, größtenteils mit dichtem Buschwerk bestandene Fläche ein. In der Tat war das Nahrungsangebot hier vielfältig und hervorragend.

Die einzige Möglichkeit, diesen Bock zu erlegen, würde sich bieten, wenn er den Forstweg querte. Etwa zweihundert Meter westlich stand zwischen Fichten eine weiterer Ansitz, von dem aus der Weg ein ganzes Stück einsehbar war, aber eben nicht jene Stelle, an der der Rehbock austrat, denn von dort aus hatte ich ihn noch nie in Anblick bekommen. Es gab nur eine Chance: Ich mußte an einem der Wurzelstöcke mitten in seinem Durchzugsgebiet in Bodenansitz gehen. Gesagt getan, am Mittag des Folgetages bereitete ich mir zwischen drei eng stehenden Fichten einen notdürftigen Platz vor. Doch dann machte tagelang das Wetter nicht mit, heftige Gewitterschauer gingen bei böigen starken Winden hernieder, jedermann blieb zu Hause.

Als endlich Wetterberuhigung eintrat, richtete ich mich schnellstens dort ein. Was den Wind anging, war dieser Ort außerordentlich problematisch wegen des großen Risikos, daß der Bock meine Witterung aufnehmen könnte. Die Stunden rannen eintönig dahin, also brannte ich gelegentlich eine Zigarette an, nicht zuletzt, um mit dem Rauch den Wind zu prüfen. Kurz nach neun Uhr setzte eine Geiß mit ihrem Vorjahrskitz hochflüchtig an mir vorbei. Wenig später hörte ich hinter mir das leise Knacken eines trockenen Zweiges, und als ich mich umwandte, das Glas in der Hand, da stand er da: breit, grau, alt, die aus der Nähe betrachtet doppelt lauscherhohen Spieße stolz emporgerichtet. Für einen kurzen Moment tastete ich nach meinem schußfertig an den Baum gelehnten Repetierer und hob ihn geräuschlos auf. Doch als ich dann wieder in Richtung Bock schaute, war der Platz ebenso leer wie noch kurz zuvor. Ich sah ihn an diesem Abend nicht mehr. Ich kann mir auch beim besten Willen nicht vorstellen, daß er mich irgendwie wahrgenommen hatte. War es eine untrügliche Intuition, die ihn vor meiner bösen Absicht warnte? Und wieso jagte er eine Geiß so dramatisch in die Flucht? Ging er etwa mit den Damen seines Reviers ebenso rüde um wie mit der Konkurrenz?

Am Folgeabend saß ich wieder dort, bequem an einen Fichtenstamm gelehnt mit Blick auf den Forstweg, das dahinterliegende Buschwerk und am Horizont das noch scheeweiß glänzende Wettersteinmassiv. Der Wind stand gut, für das Durchziehen des Rehbockes war es ohnehin noch zu früh und so las ich in einer mitgebrachten Jagdzeitung. Keine halbe Stunde später ein Geräusch! Ich blickte hoch und sah, daß jenseits des Forstwegs etwas an einer Staude rupfte. Das Glas an den Augen suchte ich das Buschwerk ab, und immer wieder bewegte sich dort ein Ast, so als ob auf der anderen Seite ein Tier Laub abpflückte. Aber das Grün stand zu dicht, um irgend etwas erkennen zu können. Dann wieder Stille, und in der Hoffnung, doch noch etwas auszumachen, schaute ich weiter durch den Feldstecher und suchte das kaum siebzig Meter entfernte Blattwerk ab. Da knirschten Kiesel zu meiner Linken, und als ich das Glas absetzte, querte der Spießerbock unmittelbar vor mir in vollem Sonnenschein den Forstweg, setzte mit zwei Sprüngen auf einen Grasbuckel empor und starrte mir mit, wie mir schien, zornig funkelnden braunen Lichtern aus einer Distanz von kaum zwanzig Schritten direkt ins Gesicht. Er hob das Haupt, blickte hangauf, senkte es wieder, dann war er abgetaucht. Kein Schrecken, kein Laut, keine Flucht, wie man es sonst vom Rehwild her kennt! Sollte er sich etwa in einer Mulde im Sonnenschein niedergetan haben?

Längst hatte ich mich erhoben und das Gewehr am Zielstock angestrichen. Nach allen Regeln konnte mir der Bock jetzt nicht mehr entkommen, denn von meinem Standort aus hatte ich einen guten Einblick in jede Fluchtroute, die er hätte wählen können. Der Erfolg war mir diesmal sicher!

In der lautlosen Stille dehnten sich die Minuten zu schier nervenzerreißender Endlosigkeit. Warum zeigte sich der Rehbock nicht wieder, er mußte doch noch da sein? Eine halbe Stunde mochte wohl so vergangen sein, als ich mich schließlich aufraffte und mit gespannter Büchse die paar Schritte dorthin ging, wo der Bock zuvor verhalten hatte. Hier zog eine jener von den Holzfahrzeugen eingefurchten, gut metertiefen Fahrspuren steil hangauf und endete in dichten Stauden nach etwa 100 Metern. Gleich hinter dem Buschwerk verlief eine ebenso tief eingeschnittene weitere

Rinne quer zum Berghang und in Richtung Tageseinstand des Bockes. Das Rätsel seines Fluchtweges war damit gelöst, nicht hingegen die Frage, wie es Wild fertig bringt, sich in derart dicht mit dürrem Astwerk bedeckten Rinnen so absolut lautlos zu bewegen, und schon gar nicht die Frage, wie das angeblich einfach strukturierte Gehirn eines Rehbocks ein so klares und überlegtes Konzept für die Flucht entwickeln konnte.

Nach diesem Erlebnis gab ich die Jagd auf ihn vorerst auf, denn es stand bei der Klugheit dieses Bockes kaum zu erwarten, er werde sich bald nochmals so von mir stellen lassen. Schließlich hatte ich meine Chance erhalten, sie aber nicht zu nutzen gewußt! Als Jäger tut man Derartiges ungern und gibt sich nicht so leicht geschlagen. Doch in meiner Brust schlagen eigentlich zwei Herzen. Da ist zum einen dasjenige des Jägers, der unbedingt Beute machen will. Doch daneben gibt es noch das Herz eines phantasievollen Beobachters, beflügelt von den Bildern eines starken und intelligenten Rehbockes, der durch die wallenden Nebel im Bergwald einsam und von keinem Menschen außer mir je gesehen, seine Fährte zieht. „Glück auf mein Freund, Du hast Dir für dieses Jahr Dein Leben mehr als verdient! Aber im Nächsten, da wachsen mir zwoa no' zamm!"

„Und der Gamsbock auf der Schneid
sagt Pfüat di'Gott, i'hab'ka'Zeit"

Alter Tiroler Jägerspruch

Seppl

Der Gamsbock äste ruhig und sichtlich zufrieden durch einen steilen Wiesenhang, dahinter tauchte pastellige Morgensonne die lotrechten Seeleswände in rötlichen Glanz. Er hatte mich bislang nicht eräugt, darum galt es auf dem halbverwachsenen Steig unterhalb seiner Position heimlich hindurchzupirschen. Diesen Bock kannte ich bereits seit einigen Jahren, sein Einstandsgebiet lag in den hinteren Steilhängen des Königstands, von wo er im Frühjahr äsungsbedingt über eine abschüssige Geröllhalde und ein schmales, quer durch die Wand führendes Grasband hierher austrat. Wenn er mich jetzt ausmachte, würde er den Rückzug in Felsgewänd antreten, ich ihm also nicht folgen können. Gelänge es mir jedoch, ihm den Weg in die Schroffen abzuschneiden, so würde er bleiben, wie er war, und mir für Portraitfotos fast unbegrenzt zur Verfügung stehen. Auch heute gelang der Versuch! Erfolgreich war ich unter ihm entlang geschlichen, hatte dann einen mit Latschen und Alpenrosenstauden dicht überwucherten Steilhang erklommen und saß nun da, wohin der Bock gerne geflüchtet wäre, der Weg ihm aber meinetwegen verwehrt wurde.

Erst jetzt bemerkte ich, daß sich der Gams nicht allein im Lahner aufhielt. Dicht neben ihm stand ein Jahrlingsböckchen, und während der Alte zwar mißtrauisch, aber ruhig zu mir herüberäugte, befand sich der Jahrling in allerhöchster Aufregung über mein Eindringen. Am ganzen Körper zitternd, umtänzelte er den älteren Kollegen, sprang behende bis dicht unter das Felsgewänd, äugte ängstlich auf mich herab, rannte wieder zurück zu dem älteren Gams und fegte dann in einer langen Flucht weit in den Hintergrund, wo er auf einem kleinen Steinblock mit bebenden Läufen kurz verhielt. Dann raste er mit Sprüngen, die eher an Flug erinnerten, wieder zurück, hielt direkt auf mich zu, bog kurz vor meinem Ansitz steil nach oben ab und in die Wand hinein, soweit sie für einen Gams noch zu erklettern war. Nur kurze Zeit schaute er von oben und immer noch in hellster Erregung, die seinen Körper heftigst zum Schlottern brachte, auf mich herab, schoß wieder talwärts an meinem Gamsbock vorbei und verschwand im Gelände. Doch nur Augenblicke später kam er auf dem gleichen Weg wieder angesaust und hinein in die Wand. Hin und her, vor und zurück, gut eine Stunde lang.

Das war am 25. Mai 1996, die Setzzeit stand bevor, und vermutlich hatte die Mutter den Sohn des Vorjahres davongejagt, damit sie in aller Ruhe ihr neues Kitz zur Welt bringen konnte. Für Gemsen ist dies ein ganz normales Verhalten, die abgesprengten Jahrlinge sind dann zunächst völlig verwirrt, es ist für sie doch ein sehr einschneidendes Erlebnis, wenn sie zum ersten Mal ohne die Mutter zurechtkommen müssen. Das Benehmen dieses Gamsjahrlings stellte aber mit Sicherheit eine Ausnahme dar, ich hatte vorher nie ähnlich verrückte Akrobatik beobachtet. Das war es dann auch, was zu einem entsprechenden Eintrag in mein jagdliches Tagebuch führte und weswegen ich das genaue Datum dieser Begegnung heute noch nennen kann. Ein denkwürdiger Tag sollte daraus werden, an dem eine Freundschaft zwischen Wild und Mensch begann, die über Jahre hinweg andauerte.

Verständlich, daß ich am nächsten Morgen wieder dort oben saß. Der ältere Gamsbock war wohl gerade anderswo unterwegs. Aber der Jahrling stand im Lahnerhang, zeigte alle Anzeichen von Unruhe, als er meiner ansichtig wurde, trieb es allerdings lange nicht so toll wie am Tag zuvor. Und so begann ich in aller Ruhe auf ihn einzusprechen und erzählte ihm aus meinem Leben; Gamsmütter bladdern ihre Kinder an, wenn diese ängstlich sind, und so bladderte auch ich nach bestem Könnnen, was deutlich erkennbar zur Beruhigung des Kleinen vor mir beitrug.

Just diese Halde oberhalb des Prälatensteigs hatte mein Jahrlingsbock zu seinem Sommerquartier erwählt, er kehrte nach Abschluß der Setzzeit auch nicht zu seiner Mutter zurück, wie das bei Gamswild sonst meist geschieht, wir haben uns hier in den Folgewochen und Monaten recht häufig getroffen. Und jedes Mal bladderte ich ihm vor und redete mit beruhigender Stimme lange auf ihn ein – ich glaube gar, daß ich im Laufe der Zeit so etwas wie eine Ersatzmutter für ihn wurde.

Es kam der Winter mit all seiner Unbill, eine Saison, in der das Gamswild von den Kraftreserven des Sommers zehren muß und daher seinen Energiehaushalt auf ein Minimum reduziert. Die Gemsen verlieren dann viel von ihrer Scheu, so auch mein Jahrling. Wann immer ich kam – und ich kam bei jeder Witterung –, war er zur Stelle und bot mir Gelegenheit, unsere gegenseitige Bekanntschaft zu vertiefen.

Im Jahr darauf wuchs der Jahrling zum Jungbock heran, er war nun zwei Jahre alt, und für mich war leises Pirschen durch sein Revier kaum noch erforderlich. Auch wenn ich ihn nicht sofort sah, konnte ich davon ausgehen, angepfiffen zu werden, meist kam er bald von seinem Berg herab, um mich anzuschauen, und wir redeten mitcinander.

Wieder ein Jahr später, und abermals im Frühling, gewann unsere Beziehung dann eine neue Dimension. An einem regnerischen, windigen Maitag spazierte ich den Prälatensteig entlang, da stand der Bock dicht unterhalb meines Weges, nahm aber keinerlei Notiz von mir. Seine dichte, wärmende Winterdecke fiel bereits aus, er sah wirklich struppig und rupfig aus. Irgend etwas war mit ihm nicht in Ordnung, das erkannte ich sogleich an seinem Verhalten, und dann bemerkte ich, daß er auf der Rückseite des Trägers eine Verletzung hatte. Ein dickes, unverheiltes Loch trug er in der Decke. Ganz offensichtlich war er von einem starken Brunftbock gehakelt worden. Erschöpft und recht apathisch stand er im Regen, ich hockte mich daneben und machte mir Sorgen um ihn, denn die Wunde konnte sich sehr wohl infizieren, er würde vielleicht sogar daran verenden. Das mußte ja ein ganz Frühreifer sein, der sich kaum dreijährig mit Revierböcken anlegte. Tun konnte ich nichts, ging aber über die nächsten Wochen viel häufiger dorthin, um nach ihm zu schauen. Im Herbst war er wieder völlig hergestellt, und ich beobachtete mehrfach, wie er heftig steinerlnd steilste Klüfte hinabflüchtete, ein starker fremder Bock ihm dicht auf den Fersen. Da wurden sichtbar heftige Revierkämpfe ausgetragen.

Ich hatte ihn mittlerweile auf den Namen Seppl getauft und einen neuen Weg der Begegnung geschaffen. Kam ich in sein Revier und war er nicht zugegen, dann rief ich zweimal die Wände hinauf „Seppl, komm her! Seppl!", warf anschließend zwei Steinsbrocken eine Geröllhalde hinab und setzte mich hin und wartete. Meist dauerte es nur Minuten, bis ich über mir im Gewänd Kiesel abgehen hörte, und kurz darauf guckte der Seppl um eine Ecke. Ob er wirklich nach mir schauen kam, oder ob er nach einem vermeintlichen Rivalen sehen wollte, kann ich nicht sagen. Das stets gleiche Verfahren hat sich jedoch bestens bewährt, er kam dann fast immer.

Im Herbst des gleichen Jahres war ich zusammen mit dem Berufsjäger Willi zu einer Frühpirsch in den Hängen des Schafkopfs aufgebrochen. Wir hatten keinen Anblick gehabt und saßen nun bei strahlender Morgensonne in einer Lichtung, Willi blickte intensiv durch sein Fernglas auf das gegenüberliegende Prälatensteiggebiet, und damit genau dahin, wo mein Seppl lebte. „Da bin I schon lang nimmer gewesen, da müßten doch auch Gams stehn!“ erklärte er mir. In diesem Moment bekam ich es mit der Angst zu tun, denn wenn der Seppl zu mir so zutraulich war, müßte er es ja anderen gegenüber auch sein. Die aber konnten von meinen Anbiederungserfolgen mit dem Seppl nichts wissen, und wie leicht würde er dann zur Jagdbeute werden. Glücklicherweise war mein Seppl damals nicht auszumachen, und meine Beteuerungen, es gebe dort seit einigen Jahren kein Gamswild mehr, mußten wohl überzeugend geklungen haben. Trotzdem war Seppls Situation damit ernst geworden, denn es gab ja auch andere Revierjäger, deren Aufgabe es unter anderem war, Jagdgäste zu führen, die meist nicht so gut zu Fuß waren, für die sich der Prälatensteig allein deswegen anbot. Und bevor man einen zahlenden Jagdgast als „Schneider“ wieder fortschickte, mochte der Begleitjäger schon einmal auch einen jungen Bock zum Abschuß freigeben. Um Gottes Willen, was hatte ich da nur angerichtet!

Im späten Frühjahr des Folgejahres kam ich wieder, um nach meinem Seppl zu sehen, doch auf die bewährte Methode des Rufens und Steine abgehen Lassens kam keine Reaktion. War der Seppl woanders hingezogen? War er etwa im harten Winter zu Fall gekommen? Tröstlich nur der Gedanke, daß ich sicher wußte: er war nicht erlegt worden!

Auf dem verwachsenen Steig ging ich einige hundert Schritte zurück und begann dort die latschenüberwucherten Steilhänge und Wände sorgfältig abzuglasen. Kein Gamswild weit und breit! Doch dann sah ich, daß sich da hoch über mir und direkt am Grat etwas bewegte. Eine Gemse war es mit Sicherheit, mehr konnte ich auf die Distanz jedoch nicht erkennen. Durch steile Graslahner, eine Schlucht und zwischen Felsnasen führte von hier aus ein sicherlich vor hundert Jahren von Menschen angelegter Steig steil bergan, der aber inzwischen völlig verfallen war und ausschließlich von Gamswild als Wechsel genutzt wurde. Daß auch Menschen hier einstmals gingen, erkannte man erst weiter oben an den Schnittflächen von in grauer Vorzeit abgesägtem Latschengeäst.

Von hier machte ich mich mutig an einen mühsamen Aufstieg. Es galt sicherlich zwei- bis dreihundert Höhenmeter zu überwinden. Auf jedem Felssockel mit Ausblick bis hinauf zum Bergkamm verhielt ich und suchte mit dem Feldstecher nach dem Seppl. Der Gams stand noch dort oben und äugte herab, während ich Ruf um Ruf hinaufschickte. Tatsächlich setzte sich der dunkle Geist in Bewegung und sprang mit bockeligen Sprüngen hangab und auf mich zu. Und so traf ich dann doch wieder mit dem Seppl zusammen, rücksichtsvollerweise war er mir auf halbem Weg entgegen gekommen. Ich hatte eben ein steiles Köpferl erklommen, dessen schmales Gipfelplateau mit niederem Nadelgehölz bestanden war, da sah ich ihn vor mir, kräftig, gesund, aber deutlich erkennbar schlechter Laune. Er verlor nämlich gerade seine dichte Winterdecke, und die ausgehende Wolle mußte wohl schrecklich jucken, denn er war ununterbrochen dabei, sich mit den Läufen zu kratzen und das Lästige mit dem Äser auszurupfen. Bis auf zwanzig Schritte ging ich auf ihn zu, sprach mit ihm und verknipste in aller Ruhe einen ganzen Film. Auch als der Film dann automatisch laut surrend in der Kamera zurückspulte, nahm das Tier keine Notiz davon. Ich ging einige Schritte zurück, fädelte einen neuen Diafilm ein und verschoß auch den auf kürzeste Distanz. Schließlich kannten wir beide uns mittlerweile gut genug. Zum Schluß war nicht er es, der absprang, sondern der Fotojäger setzte sich wieder ab und kletterte mit sich und dem Wild höchst zufrieden den Berg hinunter.

Im nächsten Winter und im Frühjahr darauf begegneten wir uns noch öfters, aber dann kam der Karfreitag des Jahres 2000, ein für uns beide denkwürdiger Tag. Es herrschte sonnig-warmes Wetter, und morgens um 7.00 Uhr befand ich mich bereits auf der Suche nach meinem Seppl. Doch ich mochte rufen und Steine werfen, so oft ich wollte, er kam nicht. Auf der Weiterpirsch tönte schließlich ein scharfer Gamspfiff von oben herab; ich konnte aber beim besten Willen kein Wild ausmachen. Wenig später erneut ein Pfiff, dann noch einer! Nahezu unglaublich für mich, hatte ich doch noch nie eine pfeifende Gams nicht in Anblick genommen, wenn ich danach trachtete. War das etwa der Seppl, und wollte er mich verulken? Langsam begann ich an meinen Fähigkeiten zur Wildpirsch zu zweifeln, stieg hangauf und schob mich durch sperrige Latschenfelder. Eigentlich hätte ich hierbei jedes Wild, das dort stand, erkennen müssen, statt dessen gab es nur Pfiffe.

Gerade wollte ich mich zur Zigarettenpause auf einen Wurzelstock setzen, als plötzlich ein Bersten und Krachen über mir in den wohl dreihundert Höhenmeter senkrecht ansteigenden Seelsewänden des Königstands einsetzte und nicht mehr enden wollte. Der Lärm steigerte sich, und es hörte sich an, als würde der ganze Berg in sich zusammenstürzen. Daß etwas Schreckliches bevorstünde, war klar, aber da war nirgendwo in der Wand Steinschlag erkennbar. Mit einem Mal gewahrte ich, wie sich vor mir im Fels und oberhalb eines Überhangs eine quer laufende schwarze Kluft auftat und zusehends breiter wurde. Innerhalb von Sekunden würden dort Tonnen von Gestein senkrecht herabstürzen, auf eine steile Geröllhalde direkt vor mir aufschlagen und den Hang herab auf mich zufliegen. Was tun? Ein Ausweichen war unmöglich, ich konnte mich nur hinwerfen, die Hände über den Kopf legen und dem Schicksal entgegenharren. Zwischen der Wand und mir stand etwas oberhalb eine schüttere Zirbel, sie könnte einen Teil der herabdonnernden Brocken zumindest ablenken, vielleicht hatte ich sogar noch genügend Zeit auszuweichen, wenn ich sah, was auf mich zukam. So blieb ich denn stehen, und die zerstörerische Last polterte herab, schlug schwer auf Bodengeröll, zersplitterte und kam auch schon dahergeflogen. Mir war zumute, als hätte eine alte Holzfregatte eine volle Breitseite auf mich abgefeuert. Steine von Kopfesgröße tobten in Körperhöhe überall vorbei, ein fast armdicker Latschenast dicht neben mir war plötzlich nicht mehr vorhanden, war glatt abgeschlagen, und hinter den dicken Quadern folgte ein Schwarm kleinerer Steine, die im Sturzflug wie Hornissen brummten.

Es geschah ein wahres Wunder: ich blieb unverletzt, hatte das Leben wieder gewonnen! Ich packte meinen Rucksack mit der Kameraausrüstung, auch die hatte merkwürdigerweise nichts abbekommen, und rannte so schnell es das Gelände zuließ, hangab in den Bergwald hinein und ohne Pause weiter, bis ich den Forstweg erreicht hatte, denn da oben konnte ja jederzeit neues Geröll nachkommen. Erst hier begriff ich die volle Tragweite des soeben Geschehenen und meine Hände begannen für Minuten unkontrolliert zu zittern.

Wenige Tage später stieg ich wieder dorthin. Wenn ich das nicht getan hätte, hätte ich kaum je den Mut gefunden, erneut an den Ort des Geschehens zurückzukehren. Kaum fünfzig Gänge von meinem damaligen Standort und noch gut im Bereich des Steinschlags fand ich dann den abgeschlagenen Hinterlauf einer Gemse und wenige Schritte weiter noch einen Lauf, den Rest des Wildes hatten offensichtlich die Füchse verräumt, und so sehr ich suchte, ich konnte keine weiteren Körperteile und auch nicht das Haupt mit der Krucke entdecken. War das der Seppl gewesen, der sich einen Spaß daraus gemacht hatte, mich zu ärgern, indem er mich anpfiff, ohne sich blicken zu lassen? Dann hatte er bös dafür bezahlen müssen! Ich kann die Frage nicht beantworten, habe ihn seither aber nicht mehr wiedergesehen. Allein der Gedanke ist für mich tröstlich, daß ein von mir halbwegs gezähmter und an den Menschen gewöhnter Gams nicht durch einen ahnungslosen Jäger ums Leben kam. Der Königstand hatte ihm das Leben gegeben, er hatte es offensichtlich auch wieder genommen. Was bleibt, sind Erinnerungen und unzählige Farbaufnahmen, die den Seppl sicherlich zum meistfotografierten Wildgams des Alpenraums machen und damit zumindest einen Eintrag ins Guinness Buch der Rekorde rechtfertigen würden.

Der weiße Hirsch

Es gingen drei Jäger wohl auf die Birsch,
Sie wollten erjagen den weißen Hirsch.

Sie legten sich unter den Tannenbaum,
Da hatten die drei einen seltsamen Traum.

DER ERSTE
Mir hat geträumt, ich klopf' auf den Busch,
Da rauschte der Hirsch heraus, husch, husch!

DER ZWEITE
Und als er sprang mit der Hunde Geklaff,
Da brannt' ich ihn auf das Fell, piff paff!

DER DRITTE
Und als ich den Hirsch an der Erde sah,
Da stieß ich lustig ins Horn, trara!

So lagen sie da und sprachen, die drei,
Da rannte der weiße Hirsch vorbei.

Und eh die Jäger ihn recht gesehn,
Da war er davon über Tiefen und Höhn.

Husch husch, piff paff, trara!

Ludwig Uhland

Dialog zwischen einem jagdlichen Laien und einem Berufsjäger:

„Sagen Sie mal, wie alt wird eigentlich so ein Hirsch?“
„Ja das kommt ganz darauf an, wann er geschossen wird!“

Aus „Im Gamsgebirg“ von Ludwig Benedikt Frhr. v. Cramer-Klett

Rotes Matriarchat

Aus schwarzem Tann tritt in der Dämmerung ein kräftiger Rothirsch mit mächtigem Geweih hervor. Ihm folgt in langer Reihe sein Harem aus weiblichen Tieren, den im Frühjahr gesetzten Kälbern und einigen Junghirschen, direkte Nachkommen des Alten. Er wird das Rudel wohlbehalten durch alle Unbille des Lebens leiten und sie von Äsungsplatz zu Äsungsplatz, von Einstand zu Einstand, sicher führen. Wer dann noch – wie es die Sage will – zwischen den hohen Geweihstangen ein leuchtendes Hubertuskreuz zu erkennen glaubt, hat Vorstellungen vom Leben unseres Rotwilds, die zwar völlig falsch, jedoch weit verbreitet sind. Forstleute und Jäger könnten darüber nur lachen und antworten: „Weit gefehlt!“

Anders als die eigenbrötlerischen Rehe, deren Aggressivität Artgenossen gegenüber so stark ausgeprägt ist, daß sie „Sprünge“, nämlich Familien von mindestens drei Tieren, nur in Notzeiten zulässt, organisiert sich das Rotwild aufgrund seiner ursprünglichen Herkunft aus den asiatischen Steppen in Herden. Die Rudelbildung als Überlebensstrategie zum Schutz vor Freßfeinden macht eigentlich nur in weiten und offenen Landschaften biologischen Sinn, für Waldwesen, zu denen der Mensch den Hirsch hat werden lassen, weit weniger. Erst in unserer Kulturlandschaft wurde das Rotwild nolens volens zum Waldtier.

Ein Prädator muß sich, um überhaupt Beute zu schlagen, auf ein einzelnes Opfer konzentrieren. Die Masse potentieller, wild wirbelnder Beutettiere verwirrt ihn aber so sehr, daß sich der erhoffte Fang viel seltener einstellt. Gruppenbildung als Schutzfunktion des Einzelnen ist im Tierreich, wo sie sich seit langem bewährt hat, weit verbreitet. Sie findet sich z.B. bei Antilopen und Gazellen, in Fischschwarm und Vogelzug, bei Lemmingen und Murmeltieren. Es sind nicht starke männliche Hirsche, die Anspruch auf Führung und Leitung des Rudels erheben. Max Kotterisch, Wildmeister und erfahrener Waidmann, hat das einmal so ausgedrückt: „Des is wia bei de Menschen, de Buam laufen dahi, wo de Maderln stehn." Und tatsächlich ist die Rudelbildung des Rotwilds Weibersache. Die Damen organisieren sich in einer Struktur, die ihnen Vorteile bei der Aufzucht der Nachkommen, also bei der Arterhaltung, bietet. Zur Anführerin des Frauenclubs wird das stärkste, älteste Tier mit der größten Lebenserfahrung und Umsicht, überraschenderweise aber nur dann, wenn es ein eigenes Kalb führt. Verliert das Leittier sein Junges durch Krankheit, Witterungsunbill oder Feinde, übernimmt unmittelbar das zweitstärkste Alttier mit Kalb die Führung. Das Alpha-Tier des Rudels ist dabei nicht Erste aus Dominanz- und Herrschaftsanspruch, der notfalls sogar mit Gewalt verteidigt wird, um das Rudel zum Gehorsam zu zwingen. Warum das so ist? Die Führungsfunktion resultiert aus größerer Lebenserfahrung, was zu überlegteren und trotzdem schnelleren Reaktionen führt, die vor allem der Sicherheit eigenen Nachwuchses dienen, danach erst der eigenen oder dem Restrudel. Im matriarchalisch ausgerichteten Kahlwildrudel kümmert sich das Leittier somit vor allem um sein eigenes Kalb, davon profitieren dann indirekt alle Übrigen. Das am schnellsten reagierende Tier wird in der Regel bei Gefahr auch als erstes flüchtig. Da es zum sozialen Instinkt von Rudeltieren gehört, das Verhalten von Artgenossen nachzuahmen, folgen alle unmittelbar der alten Dame und flüchten gleichfalls.

Daß Rottiere klug sind und sogar über ein ausgeprägtes Erinnerungsvermögen verfügen, steht für mich außer Zweifel. Zu gut weiß ich noch von einem Abendansitz im Waldsanierungsgebiet: In später Dämmerung schob sich ein Alttier an den Rand der Latschendickung, sicherte dort unverhältnismäßig lang, bevor es sein Kalb eiligst über die gefährliche Passage eines steilen freien Lahners hinwegtrieb. Der Jäger hatte ihm wohl im Vorjahr an dieser Stelle das Kalb weggeschossen. Genau da stand aber auch ein Gabler, der dank seiner jugendlichen Unerfahrenheit seelenruhig bis in die Nacht hinein zufrieden äste. Ähnliche Beobachtungen werden auch von langjährigen Berufsjägern gemacht.

Die Verhaltensforschung hat meines Wissens die Frage, ob in einem Kahlwildrudel über die Leittierfunktion hinausgehende hierarchische Strukturen herrschen, bislang nicht abschließend zu klären vermocht. Vermutlich hängt das damit zusammen, daß in freier Wildbahn Langzeitstudien und -beobachtungen undurchführbar sind. Nun gibt es aber an meinem Arbeitsort in Baden-Württemberg ein Wildgehege mit Spazierwegen, großzügigem Grill- und Kinderspielplatz, das besonders an Wochenenden von der Bevölkerung intensiv zu Erholungszwecken genützt wird. Und man darf die Tiere zum Beispiel mit altbackenem Brot auch füttern. Bei der Fütterung selbst kann man dann Interessantes beobachten: Stelle ich mich vor dem Zaun auf und schwenke meinen Brotbeutel, kommt gleich das Kahlwildrudel angelaufen und jedes Tier erwartet seinen Anteil. Dabei ist es aber grundsätzlich so, daß sich in der ersten Reihe unmittelbar auf der anderen Zaunseite die starken älteren Tiere positionieren, in der zweiten Reihe stehen jüngere Alttiere und dahinter finden sich Jährlinge und Kälber, darunter auch Junghirsche vom ersten Kopf. Die resoluten Matronen beanspruchen sebstverständlich alles Brot für sich. Wirft man einem Tier der zweiten Reihe Brocken direkt zu, dann muß es schon Glück haben, sie auch zu erwischen, denn die Alten wenden sich um und teilen sofort Bisse und Schläge mit den Vorderläufen aus. Ganz schlecht kommen die Jungen im dritten Glied davon, sie erwischen kaum mal einen Happen, alle anderen fallen nämlich prompt einträchtig über sie her. Das Ergebnis ist auch deutlich an den Decken der Tiere abzulesen: Das Leittier weist sich durch ein glattes Sommerkleid aus, keiner wagt, sich mit ihm anzulegen. In den hinteren Rängen sieht das aber ganz anders aus. Die Mütter der zweiten Reihe zeigen bereits deutliche Bissverletzungen, und das Jungvolk, hier insbesondere Junghirsche, deren Vertreibung aus der Damenriege nur noch eine Frage der Zeit ist, sieht gewöhnlich zerzaust und gerupft aus und reagiert auch entsprechend schreckhaft. Allerdings haben wir es hier mit einer Extremsituation des Futterneids zu tun, und zwar bei Wildtieren, die an Menschen gewöhnt sind. Verhaltensforscher mögen einwenden, das sei auf die freie Wildbahn nicht übertragbar und daher kaum relevant. Ich bin aber doch der Auffassung, dass sich aus dieser künstlich geschaffenen Streßlage hierarchische Strukturen ableiten lassen, die der sattsam bekannten „Hackreihe auf dem Hühnerhof“ durchaus vergleichbar sind und die wohl als Erbanlage beim Rotwild auch in freier Natur vorkommen.

Im Mai, Juni lösen sich die Kahlwildrudel, so genannt, weil weibliches Rotwild kein Geweih trägt, auf. Hochbeschlagene Tiere suchen jetzt einzeln ruhige Einstände auf, um dort ihre Jungen nach einer Tragezeit von 33 bis 34 Wochen ungestört zur Welt zu bringen. Die Setzzeit ist von der Natur sehr weise so eingerichtet worden, denn das Muttertier benötigt ausreichende Vegetation für die erforderliche Milchproduktion zur Aufzucht und das Kalb hat genügend Zeit, sich soweit zu stärken, daß es die Notzeit eines unvermeidlichen kalten Winters überleben kann. Und doch gibt es auch Ausnahmen: 1998 hatten wir im Wintergatter ein Kälbchen, das von der Körperzeichnung und Größe her gegen alle Regel erst gegen Ende Oktober gesetzt worden sein konnte. Das Muttertier war offenkundig auf diesen eigentlich widernatürlichen Zyklus geprägt, denn im darauffolgenden Januar war es zur Unzeit beschlagfähig, was am brunftigen Gehabe der Hirsche deutlich wurde. Auch in den zwei Folgejahren wurde die Dame zu dieser Zeit wieder „heiß“ und von Hirschen verfolgt. Kälber führte sie aber nicht mehr, vermutlich waren sie durch die ruppige Witterung frühzeitig eingegangen. Fehlentwicklungen wie diese werden von der Natur zur Sicherung des Arterhalts erbarmungslos ausgemerzt.

Die im Juni frischgeborenen Kälber liegen ab und werden zwei- bis dreimal täglich gesäugt. Die Gefahr ist nun groß, von Fuchs, Adler oder anderen Freßfeinden entdeckt zu werden, darum verhält sich das Frischgeborene absolut still und steht mit der Mutter hauptsächlich über die Augendrüsen in Duftkontakt. Die Entwicklung des Kalbes erfolgt insgesamt langsamer als zum Beispiel beim Rehwild, gleichwohl folgt es als echtes Laufjunges der Mutter früher als etwa Rehkitze. Sobald die Kleinen laufen können, finden sich die Kahlwildrudel wieder zusammen, die Kälber bilden drollig verspielte Gruppen, häufig unter Aufsicht von ein oder zwei Alttieren, während die Mütter zur Äsung ziehen – regelrechte „Tantenwirtschaft“ beobachtet man da. Auch die bei Beginn der Setzzeit abgesprengten Vorjahrsnachkommen stoßen nun wieder zu ihren Müttern, man spricht deshalb von sog. „Dreierverbänden“ (Alttier, Vorjahrskalb, Junges) als kleinster Einheit des Rotwildclans. Auch Junghirsche im zweiten Lebensjahr bleiben noch beim Rudel, sie bedürfen der Führung und werden erst im Folgejahr ausgestoßen. Ab etwa dem dritten Monat sind Hirschkälber physisch dazu in der Lage, den Muttertieren sogar in unwegsamem und schwierigem Berggelände zu folgen.

Im Juli 2006 saß ich wieder einmal vor dem Zaun des Wildgeheges Meßstetten auf meinem grünen Klappstühlchen und schaute einfach zu, was das Rotwild so machte. Schließlich kam eine Familie mit zwei Kindern und Tüten voller Brotresten und begann mit der Fütterung. Das hungrige Rudel kam auch sofort angelaufen und begann unvermittelt mit dem üblichen Hauen und Stechen um die leckeren Brocken. Durchaus rüde wurden da Bisse und Hiebe mit den Läufen ausgeteilt. Beim Rudel standen aber auch sechs frisch gesetzte Kälber, die ihren Müttern hinterhergelaufen waren und im allgemeinen Trubel völlig unter die Räder zu geraten drohten. Es geschah etwas sehr Merkwürdiges: Ein jüngeres Alttier führte das Jungvolk ruhig und gelassen in einer Reihe aus der Gefahrenzone und in das entgegengesetzte Gattereck. Da mußte doch zuvor irgendeine Form von Kommunikation innerhalb der Gruppe stattgefunden haben und eine Tante – sicherlich auch brotversessen – war abkommandiert worden, die Kinderschar aus der Gefahrenzone zu retten. Diese Beobachtung finde ich hochinteressant und wahrhaft erstaunlich, deutet sie doch auf etwas wie Verantwortungsbewußtsein und Pflichterfüllung hin. Donnerwetter!

Auch männliche Rothirsche bilden, wenn die Tage länger werden, eigene Trupps. Im Frühjahr werfen sie das Geweih ab, langsam entsteht ein neues. Der Nachwuchs beginnt immer an der Spitze, er ist von einer so stark durchbluteten dicken Basthaut umgeben, daß der Waidmann von „Kolbenhirschen" spricht. Prall sprießen die Bastgeweihe, und selbst die einst wildesten Kämpen sind in ihrer Unbehilflichkeit jetzt weit vertrauter als in der späteren Feistzeit. Wegen ihres unfertigen, schmerzempfindlichen Hauptschmucks meiden sie dichten Wald und treten häufig bei Tage aus. So faul und gefräßig präsentieren sich die frisch Geweihten, dass man ziemliche Schwierigkeiten hat, sich diese „Plüschhirsche" als zukünftige stolze und lautstarke Rivalen im Kampf um das Kahlwild vorzustellen. Der unter dem Bast gebildete Knorpel verknöchert mit der Zeit, sodaß Blut und Aufbaustoffe nicht mehr in die Geweihsubstanz eindringen können. Das herangeführte Baumaterial lagert sich nur noch als Perlung an der Oberfläche an. Schließlich stirbt die Basthaut ab, die Blutgefäße darunter veröden, der Bast hängt nun in Lappen vom Knochengewebe herab, bewirkt juckende Irritationen und wird durch Fegen in Gras, Büschen und an Bäumen schließlich abgestreift. Die zunächst helle Knochensubstanz färbt

Gamsbock Seppl: In seinem zweiten Lebenswinter (links oben); mir gegenüber zeigte er stets Neugierde und Zutrauen

Seppl mit der geschilderten Verletzung am Hauptansatz (oben)
Wen's juckt, der kratze sich! (unten)

Wenn Gefahr droht, ist Flucht angesagt (oben)
Das Jungvolk schart sich gerne zu gemeinsamen Spielen (unten)

Übermütig sprang der Kapitale um mich herum

sogar stehenden Laufes in Tiefschlaf. Etwas Derartiges konnte ich erleben: Auf schmalem Steig, der durch engen Stangenwald führte, kam ich daher, als ich mich unvermutet einem mächtigen Berghirsch gegenüber sah. Er stand am Rande des Pfads mit vergrätschten Haxen an einen Buchenstamm gelehnt und schlief tief und so fest, daß ich mich ihm auf wohl fünfzig Schritte nähern konnte, ehe er erwachte und mich wahrnahm. Plötzlich ein noch ganz verwirrtes heftiges Erschrecken, gefolgt von einer rasanten Flucht zunächst hangab, dann in weitem Bogen um mich herum; sehen konnte ich ihn im dichten Fichtengestänge zwar nicht mehr, wohl aber hören, denn er eckte dauernd mit dem mächtigen Geweih laut dröhnend am Holz an. Die meisten Forstleute und Waidmänner, denen ich von diesem Treffen erzählte, taten meine Beobachtung wohl als „Latein“ ab, ältere und erfahrene Berufsjäger jedoch stimmten mir meist sofort zu. „Ja, ja, die sind dann so abgebrunftet und müde, daß sie praktisch in jeder Stellung einschlafen und ihre Umgebung einfach nicht mehr merken.“ Nach gelungenem Beschlag des letzten Stücks sucht der Kapitale verschwiegene Ruhestände auf, in dieser Zeit werden Hirsche untereinander auch wieder verträglicher. Beim ersten Wintereinbruch in der Bergen zieht das Rotwild talwärts. In früherer Zeit wählte es die Auwälder des Alpenvorlands als Wintereinstand, diese Möglichkeit ist ihm aber heute durch die Zivilisation verwehrt, notgedrungen leitet man es daher durch weiträumig aufgestellte Zäune zur Fütterung in Wintergatter. Ohne solche besondere Hegemaßnahmen würden Berghirsche zweifellos kaum überleben.

Ende Februar beginnen Hirsche, hormonell gesteuert, mit dem Abwerfen der Geweihstangen. Erste sind hier die ältesten, kräftigen Tiere, deren Vorrangstellung mit dem Verlust des Kopfschmucks schmerzlich verloren geht. Man muß das einmal beobachtet haben, um zu verstehen, was dabei geschieht: Urplötzlich bricht dem ehemaligen Pascha an einer von der Natur dafür vorgesehenen Soll-Bruchstelle mit deutlichem Knall eine der beiden Geweihstangen dicht am Haupt ab und fällt zu Boden. Für den Machtgewohnten geht damit eine Welt zugrunde, jetzt hat er ungeahnte Schwierigkeiten, sein Haupt bis zum Verlust auch der zweiten Stange zu tarieren. Jüngere, noch beweihte Hirsche, sehen ihn aufgrund seines veränderten Aussehens als Fremdling an, der mit Bissen und Schlägen vertrieben wird. Ein Hirsch ohne Geweih erlebt in Minutenfrist seine totale

Degradierung, mit tief gesenktem Haupt und eingezogenem Hinterteil sucht er verstört das Weite vor schwächeren Artgenossen, und zwar so lange, bis auch diese ihre Geweihstangen abwerfen. Es muß wohl ein prägendes Erlebnis sein, so gedemütigt zu werden, und diese Demütigung erfolgt in jedem Jahr eines Hirschlebens aufs Neue. Im Garmischer Wintergatter haben wir einmal einen abgeworfenen Althirsch beobachtet, der sich erst spät am Abend, als alle anderen gesättigt waren, aus seinem Einstand hervorwagte. In völligem Unverständnis über den eingetretenen Geweihverlust versuchte er mit den nicht mehr vorhandenen Stangen einen Silagehaufen umzuwenden. Geerntet hat er dafür von den Zuschauern nur lautes Gelächter.

Komisch sieht es auch aus, wenn wenig später ein neues Geweih zu wuchern beginnt. Dicke Kolben, von Bast umhüllt, wachsen bei Kronenhirschen dann zu Gebilden heran, die an ein Bügeleisen erinnern, der Begriff „Bügeleisenhirsch“ hat sich dafür eingebürgert. Aber die Zeit tiefer Schande ist damit überstanden, denn wer zuerst abwirft, schiebt auch zuerst neue Stangen, demnach wird die ursprüngliche Platzordnung mit dem neuen Jahr rasch wieder restauriert.

Gemsen sind optische Wesen und suchen den Blick in die Ferne (oben)
Gutes „Schuhwerk“ läßt Gemsen zu exzellenten Kletterern werden (unten)

Mittlerer Bock im Gewänd (oben)
Eine Geiß ruft leise meckernd ihren Nachwuchs (unten)

Hahn in Ruh'?

Um mich herum herrschte tiefe Finsternis, so tief, daß die dunklen Tannen im Hintergrund sich nicht einmal als Schatten gegen den klaren Sternenhimmel abhoben. Es war der 21. Mai, 4.15 Uhr, die Eisheiligen hatten noch einmal zugeschlagen, ihretwegen lagen die Außentemperaturen denn auch heute morgen kaum über 6 Grad bei völliger Windstille.

Vor wenigen Minuten erst war ich mit dem PKW auf dem schmalen Forstweg bis direkt an den Fuß der Ansitzleiter herangefahren, hatte geräuschlos das Auto verlassen, mich samt Ausrüstung emporgeschwungen und eingerichtet und harrte also der Dinge, die da auf mich zukommen sollten.

Erste Vogelstimmen erklangen, und mit zunehmendem Licht setzte ein lautstarkes Zwitscher- und Pfeifkonzert aus allen Richtungen ein. Alle Singvögel, die sich gestern während der abendlichen Dämmerung auf ihre Schlafplätze verteilt hatten und kurz vor Einsetzen der Dunkelheit sehr deutlich und mit lauten Stimmen der Konkurrenz noch einmal ihre Reviere kundgetan hatten, begannen nun erneut mit lautstarkem Abstecken von „Baumeigentumsgrenzen", denn nur bei Tageslicht war man flugfähig, nur dann konnten Grenzverletzungen eintreten.

Vor meinen Augen breitete sich eine größere Windwurffläche aus, die der Landesforst schon vor drei Jahren aufgeräumt hatte und die jetzt dicht mit niedrigem Gebüsch und Rankenwerk wieder zuwachsen wollte. Am Rand standen hohe Tannen und Buchen, rechter Hand ein Fichtenaltholz und kaum hundert Schritte hinter mir fiel der Laubwald steil zu Tal ab. Langsam wurden die Sehverhältnisse besser, am Boden zeichneten sich schon erste Konturen ab.

Mit einem Mal nahm ich eine Bewegung wahr: Kaum fünfzig Meter von meinem Ansitz entfernt wurde ein Reh hoch, das sich ganz offensichtlich dort zur Nachtruhe niedergetan hatte. Wie war nun so etwas möglich, nachdem ich noch keine Stunde zuvor mit dem Auto vorgefahren, ausgestiegen und auf die Leiter geklettert war? Das scheue Tier hätte meine Anwesenheit unbedingt wahrnehmen müssen und noch bei Finsternis ungesehen die Flucht ergreifen können. Im Glas sprach ich das Wild unschwer als jungen, gut veranlagten Zukunftsbock an, der währenddessen in aller Ruhe direkt vor meinem Hochsitz zu äsen begonnen hatte.

Anfang Oktober vorigen Jahres war mir an eben dieser Stelle Ähnliches widerfahren. Kitz und Geiß sollte und wollte ich damals zur Erfüllung des Abschußplans erlegen. Auch sie hatten sich wohl in der Spätdämmerung des Vorabends in der Freifläche niedergetan und standen jetzt völlig unerwartet vor mir. Während das Kitz an einer Himbeerranke äste, nahm ich es ins Zielfernrohr, mußt jedoch mit dem Schuß zuwarten, bis es sich breit stehend wenden würde. Da aber wurde das Kleine vor meinen Augen durch einen großen, roten Schatten verdeckt: und der entpuppte sich – kaum zu glauben – als ordentlicher Rehbock! Wo dieser so plötzlich herkam, war mir völlig unerklärlich. Einen Bock hatte ich noch frei, aber ich konnte keinen Schuß abgeben, weil das Kitz direkt hinter ihm stand. Sorgfältig sprach ich ihn mit dem Zielfernrohr an, der Rehbock war gut mit deutlich über lauscherhohen, obwohl etwas gering vereckten Stangen, fast ein Spießer und sicherlich nicht mehr der Jüngste. Das wäre eine lohnende Beute gewesen! Doch mit einem Mal und ohne daß mich im Glas irgendeine Muskelanspannung des kräftigen Wildkörpers hätte warnen können, machte er einen Riesensatz, sprang leichtfüßig über den Weg und dann den Abhang hinter mir hinab. Geiß und Kitz waren mittlerweile in der dichten Laubdeckung untergetaucht. Natürlich folgten darauf weitere Ansitze in diesem Revier, denn den Bock wollte ich doch allzu gern haben, verbrachte aber die Folgetage dort in absoluter Einsamkeit ohne jeden Anblick, bis ich die Sache vorerst aufgab.

Gestern morgen habe ich es dann an diesem Platz wieder versucht. Das Wetter war meinem Vorhaben allerdings nicht gewogen. Es herrschten eisige Temperaturen, heftige Windböen fegten durch das Laub, am Himmel zogen schwarze Wolken rasch dahin und Regenschauer wie dichte Vorhänge gingen nieder. Der vernünftige Jäger bleibt bei derartigen Bedingungen zu Hause; weil ich aber schon einmal da war, wollte ich nicht wieder zusammenpacken. Nach etwa einer halben Stunde – ich fror bereits entsetzlich – vernahm ich durch das Windgetöse ein Brechen morschen Fichtengeästs am Boden, da fegten aus der unwirklichen Stimmung schemengleich dicht hintereinander zwei Rehböcke über die Lichtung und verschwanden dann im Altholz. Den Verfolgten glaubte ich als junges

Zur Notzeit findet sich Nahrung in sonnigen Südhängen (oben)
Ostentatives Äsen als Ausdruck von Geringschätzung gegenüber dem Fotografen (unten)

Kapitaler kann eine Geiß wohl kaum werden

Böckchen zu erkennen, bei dem wilden Jäger aber handelte es sich eindeutig um den im Vorjahr ausgemachten Platzbock, der wohl soeben dabei war, einen lästigen Konkurrenten in die Schranken zu weisen.

Ich blieb weiter sitzen, und es dauerte auch nicht allzu lange, da trat der Alte gemessenen Schritts und offenkundig hochzufrieden über die erfolgreiche Vertreibungsaktion auf den Forstweg hinaus und äugte umher. Ich ging dann auch in Anschlag, setzte die Büchse aber wieder ab, denn mittlerweile beutelte mich die Kälte derart, daß an einen waidgerechten treffsicheren Schuß gar nicht mehr zu denken war.

Und heute nun saß ich wieder hier heroben, das Auto direkt vor der Kanzel auf dem Forstweg abgestellt, und keine zwanzig Schritte jenseits davon äste dieses Böckchen genüßlich in aller Seelenruhe frische Ahorntriebe, Brombeer- und Himbeerranken und was es sonst noch an schmackhaften Kräutlein finden mochte. Was, wenn nun dieser Raufbold von einem Revierherrn daher käme? Bestimmt würde die wilde Jagd sofort wieder einsetzen, die zwei wären auf und davon und ich hätte das Nachsehen gehabt.

Insgeheim schickte ich Stoßgebete gen Himmel, der Jüngling möge doch bitte, bitte, endlich weiterziehen! Tat er aber nicht. Friedlich und völlig ruhig äste er etwas nach rechts hinüber, trat dann auf den Forstweg hinaus und erblickt mein Fahrzeug und mithin einen Gegenstand, der sonst nicht da war und den er nicht kannte. Von meinem erhöhten Standort aus hatte ich völlig übersehen, daß der Bock über hochgeschossenes Kraut das Auto bislang gar nicht hatte ausmachen können. Was er mir danach an Gestik vorführte, ließ mich innerlich prustend lachen: Das Haupt ruckte zurück, jeder Körpermuskel wurde angespannt, um bei Bedarf in rascher Flucht davoneilen zu können, und er äugte äußerst mißtrauisch auf diese silbergrauen Konturen. Dann legte er das Haupt schräg nach rechts hinüber, dann nach links. Ganz offensichtlich ging in seinem Hirn ein heftiger Denkprozess vonstatten, er war sich wohl nicht klar, was er von diesem Ding da, etwa zwanzig Tritte vor ihm halten sollte. Doch es siegte die Neugierde, und so duckte er sich plötzlich ein wenig, machte einen langen Hals und versuchte ein paar vorsichtige Pirschschritte auf den Wagen zu. Aber in diesem Moment knackte der sich nur langsam abkühlende Motor deutlich hörbar; das hielt den ach-so gerne Helden sofort von weiteren

Aktionen ab, also begann er wieder am Wegrand zu äsen. Langsam schob er sich dabei ins Unterholz hinter meiner Leiter, und dabei war mir nun wiederum ganz und gar nicht wohl zumute, denn in diese Richtung zog die Luft, und selbst wenn er mich bis jetzt nicht wahrgenommen hatte, würde er bald Witterung bekommen, wahrscheinlich mußte ich sogar mit seinem Abspringen unter lautem Schrecken rechnen.

Im Grunde meines Herzens hatte ich die Jagd für heute längst ad acta gelegt. Nach dieser äußerst beschaulichen und amüsanten Begegnung wollte ich nur noch schauen, die Natur und diesen herrlichen Morgen genießen. Hahn in Ruh' sollte herrschen, und so richtete ich den Blick wieder auf die Freifläche, wo soeben ein Fuchs dabei war, in grotesken Sprüngen Mäuse einzufangen, schließlich galt es, seine Familie zu ernähren. Auf dem Weg wobbelte ein Dachs daher und verschwand dann schnaubend im Gehölz, während ich im Hintergrund immer noch das Rehböckchen hören konnte. Über mir segelten zwei Kolkraben und führten mir im Paarflug wahrhaft akrobatische Manöver vor, und ihre tiefen und rauhen Rufe „grog, grog, krak, krak" erfüllten das Hochtal. Was für eine friedliche Welt war das Revier heute doch!

Aber Jäger bleibt immer Jäger, ich konnte einfach nicht anders als die Augen über die Umgebung kreisen zu lassen, und gewahrte plötzlich im Hintergrund einen schwankenden Ast, der keinesfalls vom Wind bewegt worden war, denn ringsum rührte sich kein Blatt. Da stand etwas! Der Revierbock trat zwischen den Zweigen hervor, ich erkannte ihn mit bloßem Auge sofort am Gehörn. Ich nahm die Büchse hoch, ging in Anschlag, sprach ihn noch einmal durch das Zielfernrohr deutlich an, und als er so breit stand, daß ich ihn wildbretschonend mit Kammerschuß erlegen konnte, durchbrach auch schon der laute Donnerschlag des Schusses die friedliche Stille im Revier. Der Stolze brach zusammen, schlegelte kurz mit einem Hinterlauf, dann lag er still – fast spürbar war die abrupt eingetretene Lautlosigkeit.

Doch diese Ruhe hielt nicht lange an, das Böckchen hinter mir begann laut zu schrecken, eine andere Rehstimme rechter Hand in einiger Entfernung antwortete langanhaltend, eine hochträchtige Geiß trat auf den Weg heraus und äugte erschreckt und orientierungslos um sich, und ein weiterer Rehsopran auf der linken Seite hob kräftig zu lärmen an. Mir kam es vor als machte die ganze Rehgemeinde des Reviers ihrer Empörung darüber Luft, was ich soeben einem der Ihren angetan hatte.

Nach einer Zigarettenpause und als wieder Ruhe eingekehrt war, baumte ich ab und schob mich durch das Buschwerk an meine Beute. Guter Abschußbock, auf dem Höhepunkt seiner Kraft und Laufbahn und auch ein guter Schuß; ein rascher Tod hatte diesen Bock den Knall der Büchse nicht mehr hören lassen. Ich schnitt zwei Zweige, gab den einen dem Bock als letzten Bissen in den Äser und steckte mir den anderen an den Hut. So ist es Jägers Sitte seit alters her! Danach schleppte ich den Tierkörper zurück zum Weg, brach ihn auf, entnahm mit Herz, Leber und Nieren den dem Schützen gehörenden Aufbruch, der eine Delikatesse darstellt. Heute Mittag würde mir meine Frau eine hervorragende Mahlzeit bereiten! Das Gescheide warf ich unter einen Busch als Tribut an Kolkraben und Füchse; sie würden bis heute Abend alles weggeholt haben. Den Bock lud ich in eine Wanne im Kofferraum und fuhr zur Wildkammer, um ihn dort abzuhängen. Morgen, nach dem Abklingen der Totenstarre, konnte ich ihn dann aus der Decke schlagen, das Wildbret zerwirken und an Gaststätten ausliefern, wo man ein so hochwertiges Nahrungsmittel gern annimmt. Nur so und nicht anders gelangt nämlich Rehbraten auf die Speisekarten von Restaurants. Und natürlich mußte ich morgen auch mit dem Zurichten der Trophäe beginnen.

Drei Wochen später, am Pfingstsonntag, habe ich dann von dieser Leiter bei herrlichem warmem Wetter nochmals Nachschau gehalten. Ich sah eine Geiß, die ihr kaum zehn Tage altes umhertollendes Kitz führte; vermutlich ein Nachkomme des Alten, dem ich den Tod gegeben hatte. Den Jungbock konnte ich gleich dreimal ansprechen, zufrieden, ohne jede Hast, äste er mit einem Schmalreh durch die Dickungen, und als er schließlich allein vor der Leiter erschien, vergewisserte ich mich nochmals über seine Qualitäten. Dank guter Äsung, vor allem aber, weil er nun nicht mehr die zweite Geige im Revier spielen mußte, war er wesentlich kräftiger geworden und hatte ordentlich an Gewicht zugenommen. Die Schnelligkeit seiner Entwicklung muß überraschen und lässt sich nur aus der gewaltigen Aggressivität seines Vorgängers deuten, der den Jungen zu Lebzeiten keinesfalls hochkommen ließ. Die Evolution hat Rehe offensichtlich so angelegt, daß Lücken raschestens geschlossen werden müssen, um das Überleben der Art zu sichern. Der Sohn des alten Raufboldes würde sich binnen weniger Jahre zu einem Prachtbock entwickeln, da brauchte ich mir gar keine Sorgen machen. Auch um die Nachhaltigkeit der Rehpopulation war alles bestens bestellt. Wie überall im Leben, so hatte auch hier das Alter der Jugend Platz machen müssen. Ein würdiger Nachfolger war auf jeden Fall bestellt.

Und der getötete Altbock? Jedes Wesen hat seine natürliche Lebensspanne, dieses Reh hätte wohl noch zwei, drei Jahre seine Fährten im Bergwald ziehen können, aus Sicht der Arterhaltung hingegen ist das Schicksal eines Einzelexemplars unerheblich und ohne weitere Bedeutung. Vom Brunftgeschehen altershalber alsbald ausgeschieden, stand der Kämpe am Ende seiner Nützlichkeit für die Rehpopulation als Ganzes, die notwendige Weitervererbung seiner Gene war ja bereits erfolgt.

Über das Scharlwild

Es liegt wohl schon eine Reihe von Jahren zurück. Frühmorgens, Anfang Juni, war ich zu einer Bergtour im Voralpenland aufgebrochen, saß nun bei herrlich warmem Sonnenschein am Gipfelkreuz und überlegte, wie sich der Abstieg kräfteschonendst bewerkstelligen ließe. Gleich rechts und kaum hundert Meter tiefer führte eine durch mehrere Lawinen jetzt noch mit dickem Schnee gefüllte Sandreiße in die Tiefe, die sich weit unten, dort wo der Bergwald begann, zur steilen Rinne auslief. Es dürfte eigentlich keine großen Schwierigkeiten bereiten, denke ich, sitzend im weichen Schnee abzufahren. Gesagt, getan! Auf dem Hosenboden rodelte ich rasch zu Tal. Die Rinne aber wurde immer enger, Felsen traten an den Seiten hervor und dann verlor ich den Boden, stürzte einige Meter ins Leere und blieb dann bis zu den Achseln in sulzig weichem Tiefschnee stecken.

Da war ich dann aber gar nicht mehr allein. Zwei große neugierig blickende braune Augenpaare starrten mich an, rechts und links neben mir stand je ein frisch gesetztes Gamskitz, und zwar so nah, daß ich sie mit der ausgestreckten Hand hätte berühren können. Aus Angst, die beiden zu vertreiben, wagte ich keine Bewegung und starrte zurück. Die beiden Tierchen in brauner Decke auf ganz klotzigen Läufen balancierend, zeigten in keiner Weise Angst oder Erschrecken über mein plötzlichen Auftauchen, sie waren allenfalls erstaunt. Furcht vor Fremdem ist wohl nicht ererbte Eigenschaft, sondern wird durch Lernen von der Mutter übernommen und dazu hatten die Kleinen eben noch keine Zeit gehabt. Die Geiß selbst war zwar zunächst nirgends zu erblicken, aber dann schaute ihr gehörntes Haupt doch besorgt hinter einer Felsecke hervor, sie stieß einige meckernde Laute aus und führte den Nachwuchs in Ruhe und Gelassenheit um den Zacken davon.

Wie ein Gamskitz gesetzt wird, hat die Wissenschaft anläßlich einer Feldstudie zur Ökologie des Gamswildes im Hochschwab, Österreich, am 28. 5. 1969 beobachtet und dokumentiert (Zeitschrift für Jagdwissenschaft, Sonderdruck aus Bd. 16/1970, H. 3, S. 123 - 125). Da ich Derartiges noch nie zu sehen bekam, sei hier auszugsweise aus dieser Studie zitiert: „18.00 Uhr: Eine vermutlich 6–8jährige Gamsgeiß zieht langsam, aber ohne Nahrung aufzunehmen, ca. 300–400 m an die über 100 m tief hinabstürzenden Felsabbrüche an der Südseite des Hochplateaus. Unmittelbar an den steilen Abstürzen, die im oberen Teil für Gamswild noch gangbar sind, wird ein Liegeplatz zwischen Felsbrocken eingenommen. Das Tier ist vom Beobachter ca. 100 m entfernt und kann mit einem variablen Fernrohr (25- bis 60-fach) gut beobachtet werden. 18.20 Uhr: Liegend, mit erhobenem Haupt und geöffnetem Äser, ist nach 1- bis 2-minütiger Austreibungsphase das Kitz geboren. Flach, mit dem Kopf am Boden, liegt das Kitz unbeweglich auf der Seite. Unmittelbar nach dem Setzakt erhebt sich die Geiß, entfernt sich 1–1,5 m und starrt auf das unbeweglich daliegende Kitz. Aus der Scheide der Geiß hängt die Nachgeburt bis zum Boden. 18.23 Uhr: Mit einem Sprung stürzt sich die Geiß zum Kitz und schlägt mit beiden Vorderläufen in rascher, abwechselnder Folge auf das Kitz ca. 6–8 Schläge. Unmittelbar nach der Schlagfolge stößt die Geiß mit den Krucken mehrmals nach dem Kitz. Die Stöße erfolgen mit der Rundung der Krucke und unterscheiden sich deutlich vom sog. Hackeln der Böcke. 18.24 Uhr: Kitz hebt den Kopf. Vorderlaufschläge und Kruckenstöße wiederholen sich in rascher Folge. Zwischen diesen Attacken hält die Geiß inne und starrt 5–10 Sekunden auf das Kitz. Kitz unternimmt Aufrichteversuche auf den Vorderläufen, die bis 18.30 Uhr mißlingen. 18.35 Uhr: Kitz steht auf vier Beinen und fällt fünf mal um bzw. wird von der Geiß umgestoßen. Geiß geht mehrmals um das Kitz. Aufforderung zum Nachfolgen wiederholt sich. 18.40 Uhr: Kitz versucht „bockige Sprünge". Es verliert mehrmals das Gleichgewicht. Mehrere Sprünge in rascher Reihenfolge gelingen bald. 19.30 Uhr: Geiß sucht weniger steile Felsen (am Abbruch) und steigt ab. Kitz folgt in dem schwierigen Felsen langsam und bleibt stehen. Die vorausgehende, bereits tiefer stehende Geiß bleibt stehen, dreht sich um 180 Grad und hält Kruckenrundung an das Kitz, während dies weiter absteigt. Geiß dreht um 90 Grad, steht nun quer zum Kitz und hält es mit der Seite der Krucken, während dieses absteigt. Durch mehrmaliges deutlich erkennbares Niederdrücken mit der Krucke veranlaßt, legt sich das Kitz ab!"

Fesselnd an dieser Beobachtung ist vor allem die dem Kitz gewährte Hilfestellung der Mutter beim Abstieg ins Gewänd, denn auf dem Plateau konnte es, ungeschützt vor Feinden, nicht über Nacht verbleiben. Woher weiß eine Geiß, daß das Neugeborene schnellstens auf die Läufe gebracht werden muß, um zu überleben, und anschließend Unterstützung benötigt, um nicht abzustürzen? Sollte diese erstaunliche Leistung bereits in den Genen des Gamswildes angelegt, mithin vorprogrammiert sein, oder handelt es sich vielmehr um erlerntes Verhalten, das aus Kitzverlusten der Vorjahre gewonnen wurde? Berufsjäger und Biologen wissen von einer hohen Sterblichkeitsrate bei Kitzen im 1. Lebensjahr von rd. 50 % zu berichten. Als Gründe dafür werden Kälte- und Nässeeinbrüche in den ersten Lebenswochen, Krankheiten, insbesondere aber auch die Härte des Bergwinters genannt. Ein einjähriges Kitz, Jahrling genannt, hat mit Erlangen dieses Alters seine zukünftige Überlebensfähigkeit ausreichend unter Beweis gestellt.

Gesäugt wird das Neugeborene nur von der eigenen Mutter, nie von anderen Geißen des Rudels. Die dazu nötige enge Mutter-Kind-Beziehung entsteht aber nicht quasi von selbst beim Geburtsvorgang, nein, sie bildet sich erst langsam, im Laufe mehrerer Tage, durch Düfte und das mütterliche Belecken des Kitzes heran. So hat man schon mehrfach beobachtet, daß Kitze sich an der „falschen Milchbar“ einfanden und stets abgeschlagen wurden.

Was die noch nicht gefestigte Beziehung zwischen Gamsgeiß und Kitz angeht, kann ich aus eigenem Erleben etwas höchst Amüsantes beitragen: An einem späten Vormittag stieg ich nach erfolgreicher Fotopirsch vom Bärheimatkopf (dort wurde 1875 der letzte Werdenfelser Bär erlegt), einem noch grünen, ca. 1.800 m hohen, direkt unter den Nordwänden des Wettersteinmassivs gelegenen Vorgipfel, auf schmalem, wahrscheinlich zu Beginn des vorigen Jahrhunderts von Almwirten angelegten Steig, der aber heute wegen fast regelmäßiger Erdrutsche und Windwürfe nahezu unpassierbar ist und nur noch von wenigen Einheimischen begangen wird, in Richtung Eibsee. In seinem unteren Drittel führt der Weg in engen Schlaufen durch Fichtenaltholz. Schließlich landete ich auf einem Buckel, der zum Tal hin in einer ca. 15 m hohen Wand aus bröckeligem Kalk mündet. Und diese Wand muß wohl alle möglichen Einschlüsse von Spurenelementen enthalten, denn sie dient dem Wild seit langem als Salzlecke und natürlicher Mineralienlieferant. Als ich an diesem Tag dort anlangte, fand ich unter mir ein Geißenrudel mit zahlreichen Kitzen, glücklicherweise stand auch der Wind so günstig, daß mich die Tiere zunächst nicht wahrnahmen. Da kam unvermutet still und leise ein winziges Gamskitz mit kleinen Trippelschritten die paar Serpentinen hinauf, eräugte mich und schmiegte sich direkt zutraulich an mein linkes Bein. Äußerst verdutzt und wie zur Salzsäule erstarrt, erwartete ich den Fortgang der Dinge. Es mochte wohl eine Minute vergangen sein, da kam eine jüngere Geiß den Pfad herauf, erblickte Kitz und Mensch, verhielt und begann mit leisem Meckern ihr Kind zu rufen, das auch zögerlich Folge leistete und zur Mutter hinüberwechselte. Anschließend führte die Geiß das Kitz hinab zum Rudel, und die ganze Gesellschaft verschwand in aller Ruhe im Bergwald. Diese Anekdote hat sich tatsächlich so abgespielt und ist kein „Jägerlatein". Ich deute das Geschehen als einen Fall, bei dem die Bindung des Kitzes an die Mutter noch nicht voll gefestigt war. Das Kitz sah mich, kam zu mir und akzeptierte mich vorerst völlig unbefangen als eine Art Ersatzmutter.

Krickelwild schart sich gern zu teils größeren Rudeln, bestehend aus älteren und jüngeren Geißen und deren Nachwuchs, wahrscheinlich sind sie alle miteinander versippt. Während des Sommers ziehen sie vorzugsweise in über der Baumgrenze gelegene Almböden und Hochkare mit nahe gelegenen Krummholzdickungen, wo sie den Tag mit Äsen, Ruhen und Wiederkäuen zubringen. Das Jungvolk, stets von einigen Damen beaufsichtigt, tollt in wilden Spielen fröhlich durchs Gelände. Liegt noch sulziger Altschnee in einigen Rinnen, verlagert sich der Spielplatz bald dorthin, jüngere Gemsen steigen da aus lauter Lust und Freud gern auf, um anschließend talwärts zu rodeln – und weil es gar so schön war – gleich mehrmals. Ich konnte das schon vor mehr als dreißig Jahren beobachten und auch fotografieren, zu einem Zeitpunkt also, da dieser Spieltrieb unter Fachleuten überhaupt noch nicht bekannt war und meine Erzählungen von Jägern und Forstleuten stets angezweifelt wurden.

In einem Gamsrudel findet sich aber immer eine ältere Geiß, die aufmerksam die Umgebung beaugapfelt und nach Gefahren Ausschau hält, während alle übrigen Berggazellen angenehmeren Tätigkeiten nachgehen. An ihr, sozusagen der Gouvernante, scheiden sich bis heute die Geister. Jäger sprechen seit je her von der Leitgeiß, die durch Alter und Erfahrung privilegiert, stets über das Rudel wacht. In ihrem Buch „Die Gemse" berichten dessen Autoren jedoch von Langzeitbeobachtungen an Gamsrudeln durch Biologen, die per Markierung nachweisen konnten, daß das

„Wachpersonal“ gelegentlich wechselt und andere Geißen diese Position einnehmen. Häufig scharen sich auch verschiedene Familienclans zu einem Großverband zusammen und ziehen später auf getrennten Wegen wieder auseinander.

Rudelbildung als Schutzfunktion in offenem Gelände hat unser Gamswild zwar für sich entdeckt, sie wird aber lockerer betrieben als zum Beispiel beim Rotwild. Und doch stellt auch bei Gemsen eine Art Dreierverband, bestehend aus Geiß, Jahrling und Kitz, die kleinste Einheit des Zusammenlebens dar.

Aus Regionen mit scharfer Bejagung wandern die Gams sehr bald ab, wenn auch niemand so recht wußte, wohin denn? Die Rudel schienen sich einfach in Luft aufgelöst zu haben. Eigentlich hätten sie ja in Nachbarrevieren wieder auftauchen müssen, selbst wenn diese weit entfernt lagen. Von ihrem merkwürdigen Verschwinden hat schon Cramer-Klett aus den zwanziger Jahren des vorigen Jahrhunderts berichtet und darüber gerätselt. Doch die Lösung ist im Grunde ganz einfach: Gemsen ziehen sich dahin zurück, wo keine Jäger hingehen. Schaut man von unserem knapp zweitausend Meter hohen Voralpengipfel nach Nordwesten, so schweift der Blick über ein landschaftlich wunderschönes, weites Hochkar. Neben Geröllhalden, in denen Feinschmeckerkräuter für Gemsen sprießen, finden sich breite Lahnerwiesen, Sichtschutz bietende Latschendickungen und Erlengehölz, mithin Gamsrevier vom Feinsten. Eine Forststraße gibt es in weitem Umkreis nicht, und wer dorthin will, muß das schon auf Schusters Rappen tun. Der einzige Steig, der in dieses Gemsenparadies führt, wird im Volksmund zu Recht „Schinder“ genannt, denn auf ihm geht es sehr steil ca. 600 Höhenmeter bergan. Derartiges stellt für Jäger mit guter Kondition sicher kein Problem dar, wohl aber der Abstieg mit Ausrüstung und schwerer Beute auf dem Rücken. Wen wundert’s, daß sich dieses Hochtal im Laufe der Zeit zur jagdfreien Zone entwickelte und die Gemsen dort Wanderern gegenüber sehr zutraulich sind.

Seit vielen Jahren klettere ich mindestens einmal jährlich, bewaffnet mit Feldstecher und Kamera, zur Wildbeobachtung hinauf. Da saß ich dann eines herrlichen Sommertags direkt am Steig, vor mir, kaum fünfzig Schritte entfernt, ein größeres Scharlwildrudel. Gerade schienen die ersten Sonnenstrahlen über den Kamm, als ein Bergwanderer von unten heraufkam. Bei mir angelangt, sprachen wir leise miteinander, er wollte auf den Gipfel und denselben Steig für den Abstieg nutzen. „Und ich will mitten in das Gamsrudel einsteigen und dort fotografieren! Wenn Sie wieder zurückkommen, gehen Sie bitte leise, bleiben Sie nicht stehen und sprechen Sie mich nicht an.“ Als er vom Kreuz zurückkehrte, blieb er dann doch stehen: Mit Augen so groß wie Wagenräder und vor Verblüffung offen stehendem Mund starrte er zu mir, der ich mitten zwischen Gemsen lag, herüber. In der vergangenen Stunde war es mir tatsächlich gelungen, mich schrittweise in das Rudel einzuschieben. Oberhalb meiner Position standen drei oder vier Geißen, die mehr neugierig als scheu zu mir herblickten, kaum zehn Schritte unterhalb lagen zwei jüngere Damen hinter einem Stein, sodaß ich nur die Spitzen der Krucken sehen konnte. Bestimmt hatten sie mich vernommen, aber wahrscheinlich als Ihresgleichen abgetan. Gleich rechts und links standen äsend weiter Mütter mit Kindern und Jahrlingen. Aus der Sicht des Bergsteigers muß ich wohl einen unbeschreiblichen Anblick geboten haben.

Natürlich gibt's hier auch Böcke anzuschauen, und einer davon ist wirklich kapital und trägt mittlerweile sicher seine zwölf Jahre im Gamsbart. Vor zwei Jagdperioden hatte ich ihn ins Visier meines Fotoapparats genommen und drei Diafilme auf ihn verschossen. Danach nahm ich auf einem Findlingsblock Platz, packte die Kamera in den Rucksack und kramte meine Brotzeit hervor. Da erschien wieder so ein Störenfried, ging wortlos und recht muffig an mir vorbei in den Talkessel hinein in Richtung Gipfel. Mit einem Mal kam stolz und selbstbewußt übers Lahnergras der Kapitalbock daher und preschte direkt auf den Wanderer zu. Dicht neben ihm verhielt er, stampfte mit den Vorderläufen, senkte dann das Haupt mit der Krucke, so als wollte er gleich angreifen. Der Wandervogel, heftigst erschrocken, blieb ebenfalls stehen und blickte hilfeheischend zu mir zurück, er hätte in diesem Augenblick wohl allzu gern meinen langen Haselnußstecken gehabt. Der Bock wollte aber eigentlich gar nichts von dem Mann wissen, ihm war lediglich eingefallen, daß es bei nun doch schon hoch stehender Sonne zu heiß im Kar war und er im schattigen Steilhang weiter unten besser aufgehoben wäre. Da stellte sich ihm dieser Mensch in den Weg, und das ärgerte ihn gewaltig. So sind halt Gamsböcke!

Als ich letztens hierher kam, standen wieder einmal überall kleinere Gruppen von Gemsen, man konnte nur in dem verstrüppten, unübersichtlichen Gelände überhaupt nicht abschätzen, wieviele das waren. Ich wollte es aber nur zu gern wissen, so stieg ich eine steile Schotterrinne empor, setzte ein schwaches Teleobjektiv auf die Kamera, nahm anschließend mehrere Gesteinsbrocken auf und warf sie dann mit lautem Gepoltere hangab. Und siehe da, plötzlich tauchten überall in den Latschen Gamshäupter empor, während meine auf Serienfotos geschaltete Kamera den Talkessel zu Gänze ablichtete. Anhand der Aufnahmen konnte ich die Tiere später relativ gut auszählen, an die fünfzig Stück werden es gewesen sein. Tröstlich, daß es solche Wildrefugien heute noch gibt. Und dieses weite Hochtal ist kein Einzelfall, kenne ich doch mindestens drei weitere ähnliche Rückzugsgebiete im Werdenfelser Land.

Im Herbst verlieren die Gemsen ihr kurzes, braunes Sommerkleid, es wächst ihnen ein dunkleres und längeres Winterhaar, gewissermaßen ein Pelzmantel für die kalte Jahreszeit. Wegen vieler luftgefüllter Kapillaren im Haar verfügt die Winterdecke über eine geradezu unglaubliche Isolationsfähigkeit. So schmilzt zum Beispiel frisch auf den Körper gefallener Schnee nicht. Tut sich eine Gams für die Nacht nieder und ruht dort bis zum Morgen, so findet man zwar den Abdruck ihres Körpers im Schnee, stellt aber überrascht fest, daß dort der Schnee nicht angetaut ist. Wie sonst könnten Tiere die harte Notzeit eines extremen Bergwinters überstehen?

Zur Winterszeit regt sich im Kar kein Leben, dann liegt metertiefer Schnee, der sich meist bis in den Juni hält. Die Gemsen ziehen dann in Steilhänge und Gefels tieferer Lagen, wo Nahrung noch etwas leichter zu finden ist. Ab Mitte November beginnt die Gamsbrunft: da scheuchen dann kräftige Böcke eventuelle Gegner in wilden Jagden so lange durchs Gewänd, bis nur die Stärksten als Sieger zum Beschlag der Geißen gelangen können. Die Brunft dauert in der Regel bis etwa Mitte Dezember, doch ähnlich wie bei Reh- und Rotwild gibt es gelegentlich Ausnahmen. Ich erinnere mich noch an einen Abstieg vom Königstand im Tiefschnee; am letzten Februartag war es gewesen. Ich hatte mich unter einer Schirmtanne gerade zur Brotzeit eingerichtet, als plötzlich ein Gamsbock hochflüchtig regelrecht vorbeigeflogen kam. Das schien mir zu dieser Zeit so unge wöhnlich, daß ich sofort den steilen Lahner hinaufklomm, um festzustellen, was denn die Flucht ausgelöst haben konnte. Als ich von der Kuppe in die dahinter liegende Schlucht hinabblickte, war da ein Gamsbock, der seine erwählte Geiß heftigst trieb. Offenbar war sie erst jetzt aufnahmefähig geworden. Das dabei gezeugte Kitz würde sicherlich nicht im Mai gesetzt werden, sondern allenfalls Anfang August. Ob ihm danach ausreichend Zeit verbleiben würde, die nötigen Kraftreserven zu erwerben, um den Folgewinter zu überleben, sei dahingestellt. Die Brunft zur kalten Jahreszeit und bei schlechtem Nahrungsangebot schwächt manchen älteren Bock so sehr, daß er sich nicht mehr von den Strapazen zu erholen vermag und verendet. Auch die eine oder andere alte Geltgeiß und jedes zweite Kitz raffen die harten Winter hinweg. Außerdem fordern Lawinenabgänge ihren Tribut. Gelegentlich werden ganze Rudel erfaßt und stürzen hilflos zu Tode. Vor vielen Jahren sah ich einmal in einer steilen Eisrutsche sicher zwanzig tote Gemsen auf dem Schneebruch liegen; wie viele noch unter der weißen Last verborgen waren, dürfte erst das Frühjahr gezeigt haben.

Der Alte vom Seebenseekar

O Kreuz diri Teifi!
Dös is dir a G'frett!
A jedsmal hab i'n g'segn,
Aber kriegt hab i'n net.

Dös is gar a Schlaucher,
Der is ja so viel fein –
Aber wart', wenn dein Stünderl schlagt,
Nacha g'hearst mein!

Und fallst ma schö' aussi,
Schö' abi vom G'wänd,
So tur i an Juhschroa
Zum Firmilament!

Denn so oan, wie du bist,
So hab i no koan,
So gibt's a koan zwoat'n
In der gamsrischen Gmoan!

Ludwig Ganghofer

Gamsfieber

16. August, vier Uhr morgens. Der Himmel ist sternenklar und die Sichel des abnehmenden Halbmonds, schon tief im Westen stehend, wirft weißliches Licht auf Felswände und Grate des Wettersteinmassivs.

Den ersten Steilanstieg der geschotterten schmalen Forststraße habe ich überwunden, jetzt biege ich in weitem Bogen aus schwarzem Nadelwald hinaus auf die ebene Fläche der taunassen Reschbergwiesen. Dann führt die Straße wieder aufwärts und erneut in den Bergwald hinein. Im ersten Gang und mit eingeschaltetem Standlicht erklimmt der Wagen die Höhe, anschließend führt der Weg in einer großen Schleife über eine altholzbestandene Kuppe, schwingt auf der Südflanke kurz abwärts, um gradlinig die letzte Hürde bis zu meinem Haltepunkt und Beginn der heutigen Gamspirsch zu nehmen. Unter dem dichten Blätterdach eines mächtigen Bergahorns parke ich, schultere den grünen Jägerrucksack, nehme das Fernglas auf und lade den Repetierer.

Inzwischen ist der Mond unter den Horizont gesunken, tiefblaue Dunkelheit umfängt den einsamen Frühaufsteher. Im Schein meiner schwachen Handlampe tauche ich auf schmalem Pfad in den Bergwald ein, lasse rechter Hand die Brünstelhütte liegen und wage mich an den beschwerlichen Aufstieg.

Nach etwa viertelstündigem Gehen ertönt plötzlich ein scharfer Pfiff, gleich darauf gefolgt vom Tappen abspringenden Schalenwilds. In der totalen Dunkelheit vermag ich den Gamsbock, der hier seinen Einstand hat, nicht auszumachen, aber daß nur er es an diesem Platz gewesen sein konnte, war klar. Man kennt sich schließlich!

Mit diesem Bock hat es so seine Bewandtnis, er steht hier schon mehrere Jahre, und weil unser Steiglein von Bergwanderern häufig begangen wird, ist er recht vertraut. Erst vor drei Tagen bin ich zusammen mit meiner Frau hier herauf zur Jagd am Bacherswankel gepirscht. Wir kamen etwas später durch als heute, und die Dämmerung war schon heraufgezogen. Mit einem Mal gewahrte ich, kaum fünfundzwanzig Gänge voraus und sich deutlich gegen den hellen Himmel abhebend, den Prachtgams.

Breit stand er da, schaute zu mir her und stieß seine Pfiffe aus, machte aber keine Anstalten abzuspringen. Mit deutlich überlauscherhohen

Krucken, altershalber ergrauten Zügeln und einem kräftigen Pinsel bot der Platzbock einen wahrhaft imposanten Anblick, seine Trophäe wäre ein Schmuckstück für jede Trophäenwand gewesen.

Wie leicht, die Büchse anzuheben und einen sicheren Schuß abzugeben! Doch unschlüssig stand ich da und starrte das herrliche Tier an. Nein! Nach kaum zehnminütiger Pirsch einen Schuß auf eine Distanz, die einen Fehlschuß nicht zuließ. Das wäre nicht Jagd, das wäre Exekution gewesen. So verstrich der Augenblick, der Gams sprang laut schimpfend den Waldhang hinab und war verschwunden. Und ich war's zufrieden!

Wir hatten an jenem Tag nichts erlegt, aber dafür den „weißen Retter“ kennen gelernt. Dichter Nebel zog ein, und ich erfuhr, was Generationen von Bergjägern vor mir wußten: Ein Jahrling läßt sich auf sechzig Meter nicht erlegen, wenn die Sicht kaum die Hälfte beträgt – ja! Mit dem Brünstelhüttenbock konnte ich schließlich noch manche Gaudi erleben, ich habe ihn nämlich doch noch bejagt. Einmal pirschte ich ohne Anblick durch sein Revier und entdeckte auf dem Rückweg nur eine halbe Stunde später seine Fährte dicht neben meiner Aufstiegspur. Er hatte mich seelenruhig an sich vorbeigehen lassen und war dann talab gelaufen. Anderntags hörte ich ihn plötzlich hinter mir in der Dickung rumoren, und als ich mich rückwärts wandte, fand ich im lehmigem Boden meinen Fußabdruck und mitten hineingesetzt sein Trittsiegel. Wollte mich der freche Kerl foppen?

Ein anderes Mal war ich später und bei vollem Tageslicht hinaufgefahren, da stand er kaum achtzig Gänge vor mir in einer steilen Geröllhalde mit freiem Blick auf den Forstweg. Ich schaltete den Motor ab, stieg aus, öffnete den Kofferraum und entnahm den Repetierer aus dem Futteral. Den Bock irritierte das alles nicht, er verhielt breit stehend und guckte neugierig auf mich herab. Als ich aber die Patronen in das Magazin schob und durchlud, sprang er in langen Fluchten davon.

Auch unter Berufsjägern hat dieser Bock eine gewisse Berühmtheit erlangt. Gibt es doch droben an der Enningalm seit Jahren ein Programm zur Aufforstung des Bergwaldes, in dessen Folge man den Abschuß dort drastisch erhöhte. Es ist noch nicht lange her, da reiste aus München eine Regierungsdelegation an, um sich vom Erfolg der Sanierungsmaßnahme ein Bild zu machen. Dem Revierjäger kam dabei die ehrenvolle Aufgabe zu, den hohen Herren aus der Landeshauptstadt die „Gamsfreiheit“ des

Gebiets vorzuführen. Und natürlich fuhr man nicht zu nachtschlafener Zeit in Richtung Enningalm, sondern ein klein wenig später. Und just in eben der gut einsehbaren Geröllhalde stand wieder dieser Lackel von einem Gamsbock, der nach Auffassung der kundigen Beamten längst hinweggehegt hätte sein sollen, und ließ sich genüßlich die warme Herbstsonne auf die Decke scheinen. „Is ja no alles da!" war der einhellige Kommentar an den armen Begleitjäger. Sein bisheriges und sicher auch weiteres Überleben verdankt der Enninggams der Tatsache, daß mein heutiger Pirschweg wohl von Bergwanderern frequentiert wird, nicht aber von Jägern. Letztere fahren die Straße in der Regel ein ganzes Stück weiter hinauf als ich heute, steigen einen Steilhang außerhalb seines Einstandes empor und kürzen so im unteren Bereich den Weg beträchtlich ab.

Der Bergsteig führt mich durch dicht stehendes, taunasses Fichtenjungholz, quert einen breiten Lahner und windet sich dann in zahllosen Serpentinen steil bergan. Mittlerweile ist das erste Morgengrauen aufgekommen, die Taschenlampe kann ich also jetzt wegpacken. Gegen fünf Uhr sind die ersten dreihundert Höhenmeter überwunden, ich lasse mich auf einem breiten Felsblock nieder und glase den etwa vierhundert Schritt entfernten, latschenüberwucherten Gegenhang ab. Vor Tagen hatte ich dort einen Rothirsch ziehen sehen, und auch heute ist er wieder da – soweit erkennbar noch jung und wohl vom 3. oder 4. Kopf. Erstaunlicherweise folgt er nicht den Wiesenschneisen, die überall durch die Dickungen führen, sondern bricht schnurgerade mit erheblichem Lärm hangauf durchs Gehölz. Eine halbe Stunde später erreiche ich den Bacherswankel, dort steht unter einer betagten Fichte ein alterswackeliger Hochsitz, auf dem ich mich einrichte. Im Spätherbst des Vorjahrs hatte ich hier einen guten Gamsbock erlegen können, und noch während ich ihn aufbrach, sprang ein weiterer Brunftbock vorbei, verhielt und schaute mir eine Weile bei der Arbeit zu. Doch heute werde ich hier nicht ansitzen, will weiter hinauf bis zum Grat, der die Reviergrenze zum Ammergauer Tal darstellt. Der Ansitz bietet einen hervorragenden Einblick in das vor mir liegende Pirschgebiet: Steile, legföhrenbestandene Hänge mit eingestreuten grasigen Lahnern, zerrissen von teils tiefen Schotterrinnen, hin und wieder eine Gruppe knorriger Bergfichten, einige spitze Felsnadeln rechter Hand und etwa zweihundert Meter höher die schroffe und zerklüftete Region, durch die der malerische

„Turmsteig" führt, ein Revier, das über zwei Jahrzehnte nicht bejagt worden war. Ich hatte genau dort einen mittleren Gamsbock gestreckt; als der Schuß brach, tauchten gleichzeitig, wie in einem Marionettentheater, aus jeder Latschengruppe erstaunte Gamshäupter empor, da, wo zuvor keinerlei Wild zu sehen gewesen war.

Gamswild ist heute nur spärlich auszumachen, und erst nach längerer Suche finde ich ganz oben, direkt unter dem Grat, drei Geißen mit ihren Kitzen. An sie heranzukommen, dürfte schwierig werden. Der wolkenlose Himmel ist von geradezu bleiernem Blau, das einen sonnig warmen Sommertag verspricht. Gestern war das Thermometer im Tal bis auf 32 Grad geklettert, da mußte es wohl nach Sonnenaufgang in den Latschen stickig heiß werden. Gamswild, das hier über Nacht Einstand hält, wird dann hangauf ziehen, um in die schattigen Nordhänge überzuwechseln. Die Zeit drängt also, wenn ich noch rechtzeitig die Schneid erreichen will. Zügig und so leise, wie es der Steig erlaubt, pirsche ich höher, immer gewärtig, überraschend auf Wild zu stoßen.

Kurz unter dem Gipfel bricht plötzlich etwa zwanzig Meter tiefer ein Tier durch die Dickung nach unten weg. Die starken, dicht stehenden Latschenprügel lassen jedoch nichts erkennen, man hört das Wild und sieht das Schwanken der Wipfel, dann wieder Ruhe. War das etwa Rotwild? Ein Hirsch, oder vielleicht ein Gamsbock? Ich verharre in äußerster Spannung und horche angestrengt, genauso macht es auch mein Gegenüber. Kein Laut ist vernehmbar, die Sekunden scheinen sich endlos zu dehnen. Dich werde ich zumindest noch in Anblick nehmen! Ich brauche nur die Brüche hinaufsteigen und abwarten, bis es dir nach Sonnenaufgang im heißen Föhrengestrüpp zu warm wird. Langsam gehe ich die letzten Meter bis zu den Felszacken. Als ich den hier verlaufenden Quersteig betrete, setzt rechter Hand heftige Bewegung ein. Drei bis vier jüngere Gamsgeißen stehen da in meiner unmittelbaren Nähe mit ihren Kitzen und springen, meiner ansichtig, unmittelbar in die Dickungen des Nordhangs hinab.

In diesem Moment steigt die Sonne über die schroffen Kegel des Karwendelgebirges und taucht Felswände, Lahner und Koniferendickicht in rosarotes Licht. Auf einem Wurzelstock direkt an der Kuppe nehme ich Platz, lege Gewehr und Bergstecken ab und genieße die großartige Rundumsicht. Der Berghirsch, den ich vor Stundenfrist weiter unten im

Gegenhang spekulierte, zeigt seine imposante rostrote Silhouette deutlich gegen den inzwischen tiefblauen Morgenhimmel, vor dem sich unser ortstreues Steinadlerpärchen schwerelos in die Lüfte schraubt. Kann nicht mehr lange dauern, bis auch er die kühlere Schattenregion aufsuchen wird. Hier oben aber, schon auf Oberammergauer Seite, äst ein Jahrling würzige Kräuter in einem Geröllkar, und kaum fünfzig Gänge unterhalb meines Standorts hört man im noch schattigen Nordhang das von mir soeben vertriebene Scharlwild im Geäst spielen. Jäger's Lust und Freud! Kann es Herrlicheres geben, als hier oben im aufziehenden Tag die Natur zu erleben?

Dann plötzlich leises Knacken und Brechen im Südhang. Das muß das Einzeltier sein, das ich vorhin während des Aufstiegs hochmachte. Hirsch oder Gamsbock, das ist die Frage. Auf jeden Fall arbeitet es sich langsam hangauf und müßte dann in meiner unmittelbaren Nähe die Schneid queren. Die Spannung steigt, und ich mache mich zum Schuß fertig. Gleichgültig, was da austritt, beim Überschreiten der Schroffen werde ich es nur für wenige Momente in Anblick bekommen, und für ein Ansprechen mit dem Glas bleibt vermutlich keine Zeit. Das Zielfernrohr muß ausreichen! Doch wie steht der Wind? Ich entzünde eine weitere Zigarette und beobachte sorgenvoll, wie der Rauch träge hangab zieht. Das Tier wird meine Witterung aufnehmen, das ist sicher! Erneutes Knacken und Rascheln unterhalb, dann einige Augenblicke Stille. Verflixt, jetzt hat er mich! Hätte ich bloß meinen Aufstieg nur eine halbe Stunde später begonnen – im mit jeder Minute stärker sonnenerwärmten Hang hätte die Thermik dann bereits eingesetzt und der Wind gedreht. Gespannt lausche ich mit allen Sinnen und nehme enttäuscht wahr, daß sich die erhoffte Beute zögerlich wieder nach unten wegdrückt.

Was ist zu tun? Bei genauer Abwägung aller Umstände kann es sich eigentlich nicht um einen Feisthirsch handeln, der hätte sich nach dem ersten Zusammentreffen sogleich davon gemacht. Es muß wohl ein Gamsbock sein, und dann vermutlich ein Kapitaler. Abwarten heißt vorerst die Devise, bis „guter Wind" steht.

Eine Stunde vergeht, dann noch eine, und immer wieder höre ich eine Bewegung etwas hangabwärts, jedoch ohne die Möglichkeit zu einer Ansprache. Und wenn es dem noch so heiß wird, der kommt nicht! Die

Initiative muß also von mir ausgehen. Aber was in aller Welt sollte ich machen?

Es ist bereits nach neun Uhr, der Wind hat erwartungsgemäß gewechselt, die Temperatur steigt rasch an, und der vermeintliche Gamsbock rumort immer noch kaum einhundertfünfzig Gänge unter meinem Ansitz. Da hilft wahrscheinlich nur noch Eines: auf seine Neugierde muß ich setzen und versuchen, ihn in den Felsen weiter unten aus der Reserve zu locken. Wäre ja auch der erste Gams, der nicht wissen wollte, wer ihm da so penetrant auf die „Decke rückt“! Gesagt, getan, ich packe zusammen und steige, nicht den Pirschweg benützend, senkrecht durch die Latschen ab. In der über mannshohen Dickung rührt sich kein Lufthauch, schweißtreibende Hitze herrscht hier. Äußerst mühsam arbeite ich mich hinab und erreiche schließlich völlig naß einen freien Lahner, von wo Ausschauhalten wieder möglich wird. Kein Wild weit und breit, dann wieder brechende Geräusche unter mir. Vielleicht klappt's ja doch noch? Abermals krieche ich quälend langsam durch fast undurchdringliches Nadelgestrüpp tiefer und treffe schließlich halb erschöpft wieder auf den Bergsteig.

Ringsum nur sperrige Latschen, aus denen zur Linken ein schmaler grasiger Rücken herausragt, der in einer Felsnadel ausläuft und da, genau auf der Spitze, kaum einhundertfünfzig Meter voraus, steht wie hingezaubert mein Gamsbock, völlig frei und äugt neugierig herüber. Oh mei, is des ein Lackel! Respektable, sehr hohe, gut gehackelte und weitgestellte Krucke über altershalber leicht verwaschenen Zügeln, breiter Vorbau, kräftiger Pinsel, stolz, und mit sicherlich zehn bis zwölf Jahren auf dem Buckel, ein mordsmächtiger Bursche wie man ihn heutzutage selten findet. Der paßt!

Ein wuchtiger Felsbrocken dient als Gewehrauflage, der Bock steht breit, er hebt sich als schwarze Silhouette deutlich vom blauen Dunst des Werdenfelser Talkessels ab. Doch halt! So kann das nicht gehen, denn es gibt ja keinerlei Kugelfang, und die austretenden Geschoßreste flögen breitgestreut weiß Gott wohin und letztendlich könnte nicht nur die Jagdbeute zur Strecke kommen. Solch einen Schuß darf ich auf keinen Fall wagen! Eine Zigarettenlänge später steht der Gamsbock immer noch unverändert da. Jetzt gibt es nur noch eine Möglichkeit: Näher an den Bock heranpirschen, bis er sich, zum Abspringen bereit, wendet, um über den

Grasbuckel die Deckung wieder zu erreichen. Dabei wird er mit den ersten Tritten an einem etwa einen Meter hohen und ebenso breiten Felsklotz vorbei müssen, der als Kugelfang ausreichen sollte, also Courage! Langsam und mit gespanntem Gewehr, das Wild dabei nie aus den Augen lassend, tasten sich meine Beine sehr vorsichtig durchs Dickicht näher, der Bock aber verändert seine Position nicht, er äugt nur unverwandt zu mir her. Dann plötzlich eine Bewegung: Er wendet sich um, macht ein, zwei zögernde Schritte und schon hat er den Schußfangfels erreicht. Sankt Hubertus, nun steht er nicht mehr breit, sondern schräg zu mir! Noch ehe ich einen weiteren Gedanken fassen kann, ist bereits die Büchse am Bergstecken angestrichen, der Schmetterschlag des Schusses bricht, und der kräftige Rückstoß der Waffe fährt mir in die rechte Schulter. Der Gams zeichnet schwer, stürzt etwa sechs Meter senkrecht die Wand hinab und überrollt mehrfach in einem Lahner, ehe er walkend in einer flachen Mulde liegen bleibt.

Doch mit einem Mal hebt das Wild das Haupt, richtet sich unter Aufbietung letzter Kräfte mühsam und mit heftig schlotternden Läufen wieder auf und versucht ein, zwei wackelige Tritte vorwärts. Mein Gott! Wenn der Bock auch nur wenige Schritte so weitergeht, muß er unweigerlich eine tiefe Felswand hinabstürzen und zerschellen! Repetieren und Nachschuß von oben hinab dicht neben den Ziemer! Der Gams bricht im Feuer zusammen, rollt den Lahner ganz hinunter und verschwindet in der nächsten Dickung.

Die in mir vibrierende Spannung klingt nur allmählich ab, darum lege ich vorsichtshalber eine weitere Pause ein; ehe ich mich an die Versorgung des Wildes mache. Der Bock ist eine ganze Strecke den hier steil abfallenden Latschenhang hinabgekugelt und hat sich schließlich rücklings hangab liegend mit der Krucke in einer starken Astgabel verfangen. Um uns herrscht völlig undurchsichtiges grünes Gestrüpp, ich wüßte wirklich nicht, wie ich unter diesen Umständen das Wild gegen die Wuchsrichtung zurück nach oben auf den freien Lahner zum Aufbrechen ziehen sollte. Aber wohin dann? Das Dickicht ist nach allen Seiten gleichermaßen undurchdringlich. Schließlich entscheide ich mich zur „roten Arbeit“ vor Ort.

Doch zunächst sind die Schüsse zu begutachten. Mein erster Schuß war so übel nicht: Geschoßeintritt dicht hinter dem Blatt, das Zwerchfell müßte angerissen sein. Daß der Bock trotzdem noch in der Lage war, aus dem Wundbett wieder aufzustehen, zeugt vom zähen Überlebenswillen, wie er nur Wildtieren eigen ist. Der unmittelbare Nachschuß steil abwärts jedoch war unmittelbar tödlich, trat dicht neben dem Ziemer hinter dem Schulterblatt ein und zwischen den Vorderläufen wieder aus.

Ich denke, daß nur jemand, der das Aufbrechen halbwegs liegend unter waagrechten, aus dem Steilhang üppig herauswuchernden armdicken, etliche Meter langen Latschenästen schon einmal versucht hat, weiß, was das bedeutet. Zudem ist die Luft hier schwülheiß und drückend, sicher um die dreißig Grad, und im Nu umschwirren mich Hunderte von Fliegen. Die Hände sind schweißig, der Grasboden, alles wird schweißig. Allein schon wegen der Hitze ist höchste Eile geboten. Nach getaner Arbeit gilt es, den Bock in den Wildsack zu befördern. Das läßt sich hier nur machen, indem man den Wildsack dem Bock von unten überstreift; daß dabei der Sack auch außen schweißig wird, ist unvermeidlich. Dann den Rucksack über den Wildsack gezogen, auch er wird dabei schweißig, und danach auf dem Rücken über der Jagdbeute liegend die Tragegurte über die Schultern gestreift.

Was folgt, ist ein langer und beschwerlicher Abstieg, ein Bußgang durch dichte Vegetation mit wohl über vierzig Kilo Gewicht auf dem Buckel, schwitzend, dampfend und kochend. Bei fast jedem Tritt verhängen sich Gamskrucke, Rucksack- oder Gewehrriemen im Astgewirr, der Bergstecken verheddert sich, der Karabiner verklemmt sich im Geäst, und Sturz folgt auf Sturz. Schmerzhafte Prellungen, Aufschürfungen und Hautrisse an Armen, Beinen und im Gesicht sind die Folge, es mischt sich Gamsschweiß und Menschenblut. Ich weiß rückblickend nicht mehr, wie ich es schaffte, den zähen Kampf gegen die sperrigen Latschen durchzustehen, es war auf jeden Fall ein bis zur völligen Erschöpfung führendes, kräftezehrendes Martyrium.

Dann endlich wieder freies Lahnergras, der Bergsteig in Sicht und mühsames Weiterhumpeln und „Schritte zählen". Mindestens immer einhundertfünfzig Schritte bis zur nächsten kurzen Rast im Stehen, denn wenn ich mich hingesetzt hätte, wäre ich ohne fremde Hilfe kaum wieder auf die Beine gekommen.

Als ich die schattige Waldregion erreiche, überfallen mich Schwindel und lähmende Müdigkeit, so lasse ich mich einfach gegen den steilen Wiesenhang fallen, um auszuruhen. Jetzt und hier zu sterben, wäre vermutlich ein angemessener und stolzer Tod für einen so erfolgreichen Bergjäger. Den Bock sollte ich aber vorher wieder auspacken und neben mich legen! Vielleicht würden mich die „saligen Fräulein", alter Alpensage nach Schutzgeister allen Gamswildes, ja doch in ihren Gamshimmel hinein lassen, in dem Steinbock, Gams, Murmel, Birk- und Schneehahn in Fülle leben, wo die Alpenrose ganzjährig blüht und der betäubende Duft des Almenrauschs die Sinne benebelt.

Doch die Realität holt mich wieder ein, Fliegen umsummen mich permanent, kriechen mir in Augen, Nase und Ohren. Nur wenn ich die linke, vom Aufbruch schweißig gewordene Hand ganz ruhig halte, versammeln sie sich alle dort und lassen mich in Ruhe, die Hand ist dann schwarz vor Fliegen. Quälender Durst plagt mich, aber ich bin zu müde, um die Wasserflasche aus dem Rucksack hervorzukramen.

Wie lange wir beide so daliegen, weiß ich rückblickend nicht mehr, doch die Zeit ist abgelaufen, die Vergangenheit verblaßt, die Gegenwart stößt mich an, und die Unruhe, das Wildbret könne bei diesen Temperaturen verhitzen, läßt mich nicht los. So quäle ich mich, auf Bergstock und Karabiner gestützt, wieder auf die Beine und stolpere mühselig talwärts. Anfängliche Muskelschmerzen in Schulter und Beinen sind längst einer dumpfen Gefühllosigkeit gewichen, und Zeit und Raum verschmelzen, während ich roboterhaft weiterstapfe. Am Kälberhüttenansitz verlasse ich den Steig, kürze durch schwieriges Gelände steil hangab in Richtung Straße, und als ich endlich durch das Gebüsch den Forstweg ausmache, kann ich die Last keinen einzigen Schritt länger tragen. Ich werfe alles von mir, wasche Gesicht und Hände im Quellbach und taumle zurück zum Auto.

Um zwölf Uhr mittags, exakt zwei Stunden nach dem Schuß, liefere ich totmüde und mit schmerzenden Gliedern einen zwölfjährigen Gamsbock wohlbehalten in der Wildkammer an. Erst danach kommt Freude auf, echte Freude über einen erfolg- und erlebnisreichen Jagdtag. Wenn der Bergjäger die Büchse sprechen läßt, dann haben auch heute noch Muskeln, Sehnen, Schultern und Beine die vorausschaubaren Folgen zu tragen. Buße hart und drückend, nicht aber bedrückend! Nur wer die rauhe Wirklichkeit der Jagd am eigenen Leib erfährt, dem erschließt sich ihr Geheimnis voll und ganz.

Auf der Trophäenschau des Landkreises am Ende der Jagdsaison wird dieser Bock wohl den ersten Rang einnehmen und damit in den „gamsböckerischen Adelsstand“ von Werdenfels aufrücken.

„Und wer sich koan Hirsch schiassen traut,
braucht a koa Hos'n vo der Haut“

aus einem alten Tiroler Wildschützenlied

Der Urkapitale vom Roten Moos

Ausgestreckt lag ich bäuchlings in nassem Moos, und meine Seele brannte in heller Vulkanglut. Unvermittelt sah ich mich in einen Zustand geradezu rauschhafter Exaltiertheit versetzt, und meine Nerven bebten bis in die bergschuhbewehrten Zehenwurzeln. Auf gut Deutsch, ich war hirschtrunken! Gleichzeitig arbeitete der Verstand aber messerscharf und meine Hände hielten bei aufgestützten Ellenbogen die Büchse unerschütterlich ruhig. Das Zielfernrohr offenbarte nur einen Ausschnitt des Geländes: ich sah den hohen Stamm eines Bergahorns, dahinter Latschengestrüpp und eine Lichtung, auf die ein Wildwechsel mündete. Berufsjäger Willi Erhard kniete neben mir und äugte angestrengt durch sein Nachtglas. Jeden Augenblick war mit dem Austreten des mächtigen Berghirsches zu rechnen, und sobald Willi ihn als den, auf den wir es abgesehen hatten, ansprach und ihn freigab, würde auch schon der trockene Schußknall die einsame Stille auf dieser Bergrippe des Hirschbichel zerreißen, für einen kurzen Moment würde das Feuer der Patrone in der abendlichen Dunkelheit die Konturen des Rothirschs im Zielfernrohr überblenden, das Zerlegungsgeschoß müßte in seinem Körper verheerende Zerstörung an Organen und Arterien anrichten, wir würden das Zusammenbrechen dieser stolzen Kreatur in flüchtigem Todeskampf erleben, Geröll und Steine müßten umherfliegen. Dann würde der alte Kämpe zur letzten Ruhe kommen, blasig hellroten Lungenschweiß im Äser.

Was war zuvor geschehen? In der Mittagspause ein Anruf von Willi, der alte Hirsch sei lokalisiert, ich möge rasch kommen. Ich verständigte die Firma: Höchst wichtige Angelegenheiten ... völlig unerwartet eingetreten ... absolut unaufschiebbare Termine ... wie lange es dauert, weiß man nicht ... melde mich wieder ... und schon saß ich im Auto und brauste davon. Wohl dem, der einen leidenschaftlich passionierten Jäger zum Chef hat!

Auf dem Parkplatz der Forstverwaltung wurde ich bereits erwartet, kurze Begrüßung, Umkleiden und Umladen von Ausrüstung, und schon zockerte der olivfarbene, kleine Suzuki den abschüssigen Forstweg in Richtung Rotmoos und noch ein Stück darüber hinaus.

Bepackt mit allem, was zur ordnungsgemäßen Ausrüstung eines Gebirgsjägers gehört, standen wir in einem tiefen Graben und lauschten minutenlang angespannt in die beginnende Abenddämmerung. Auf einmal erklang von weit oben herab ein fauler, träger Brummlaut, wie ihn nur brunftmüde Hirsche ausstoßen. Das war's! Auf geht's!

Über uns wölbte sich eine steil ansteigende, mit zerzausten Wetterfichten bestandene, grüne Bergrippe, die rechter Hand in ein Geröllkar mündete. Kräftigen Schritts begannen wir den wohl einstündigen Aufstieg, unterbrochen nur, wenn der Hirsch schrie und uns dadurch aus dem Tritt brachte. Hin und wieder ertönte auch ein abgrundtiefer kurzer, rostiger Knörer, der in meinen Ohren fast traurig klang. Wir pirschten uns an das Wild im Dickicht über uns so auf dreihundert Schritte heran, als der plötzlich verstummte. Um Gottes Willen, jetzt nur nichts übereilen, wie steht der Wind? Prächtig! Wir legten Rucksäcke und Gewehre ab, schlüpften unter die Jagdkotzen, hockten uns nieder und schauten dem Scharlwild draußen im Geröllfeld zu. Warten war nun angesagt, bis der da oben wieder Laut geben würde. Der Minutenzeiger der Uhr drehte sich beklemmend weiter, die Schatten wurden länger, und Düsternis schwebte aus dem Tal herauf. Plötzlich ein erneuter, fauler Hirschschrei, wir ließen die Ausrüstung liegen und gingen zum Angriff über, ich nur mit Gewehr, Willi mit Nachtglas und Büchse. Der Hirsch stand für uns unsichtbar irgendwo in mannshohem Latschendickicht verborgen, da würde man ihn herauslocken müssen, und zwar dahin, wo der Wildwechsel in offenes Gelände mündete, dann sollte er uns quer kommen und wäre Blattschuß angezeigt. Genau so gut könnte er aber auch direkt durchs Gebüsch auf uns zubrechen, was einen Schuß auf den Stich nach sich zöge. Während Willi wiederholt den Hirschruf nachahmte, der dem Alten das Antrollen eines Beihirsches vorgaukelte, und ich, die Büchse im Anschlag, auf dem nassen Boden lag, waren unser beider Gesichter von Anspannung gezeichnet. Mehrmals röhrte der Berghisch zu uns herab, rührte sich aber nicht von der Stelle. Wahrscheinlich war die Brunft schon zu weit fortgeschritten und die Dunkelheit senkte sich rasch wie ein Mantel über uns herein. Schließlich – kein Schußlicht mehr! Wir erhoben uns und rannten mit lautem Gepolter hangab, nahmen weiter unten das Gepäck auf und stürmten dann bis hinab in den Graben, dem Ausgangspunkt der Bergpirsch. Während ich eine Zigarette ansteckte, lauschten wir gespannt auf das, was jetzt weiter oben passieren würde. Sollte der Berghirsch nach unserer lauten Flucht doch herabkommen und Nachschau halten, müßte er unsere Witterung aufnehmen und würde sich sofort still auf Nimmerwiedersehen davonmachen. Das bedeutete dann mindestens für dieses Jahr das Ende der Jagd auf ihn. Mit großer Erleichterung vernahmen wir aber wieder den gleichen trägen Brummer, der unsere Abendpirsch begleitet hatte. Der Alte hatte Willis Hirschrufe geglaubt, unseren lärmenden Abstieg als Indiz für die Flucht eines lästigen Konkurrenten auf seine Schreie hin gewertet und es offensichtlich nicht für nötig befunden, persönlichen Augenschein zu nehmen. Alles war somit in bester Ordnung!

Die nächste Morgendämmerung fand uns wieder vor Ort. Das Wetter hatte sich jedoch über Nacht dramatisch verändert: Schwere Regenwolken waren aufgezogen, es goß wie aus Kübeln, und dichte Schleier verhüllten den Hirschbichel. Trotzdem packten wir's an. Gerade pirschten wir durch einen von den Einheimischen als „Loch" bezeichneten Kessel, in dem dicke Nebelschwaden waberten, sodaß die Sicht gerade mal eine Schrotschußweite betrug, Augenblicke später aber auf kaum 20 Schritte schrumpfte, da raschelte plötzlich nasses Laub, brach dürres Bodengeäst. In unserer unmittelbaren Nähe zog unsichtbar stapfend ein schweres Wildtier in einem Halbbogen um unseren Standort: Das konnte nur der Hirsch sein! Aufrecht, das Gewehr am Bergstecken angestrichen, stand ich im „weißen Retter", während Willi mir mit vor Aufregung roten Augen ins Ohr hauchte: „Sofort schießen, wenn'st'n sichst, egal wie! Den kriag'n mir no!"

Um's kurz zu machen, wir haben ihn nicht gekriegt, der küselige Wind hatte ihm unsere Witterung zugetragen. Wir vernahmen nur noch seine schweren Tritte, mit denen er im Troll davonzog. Die Jagd auf diesen betagten Berghirsch war damit für dieses Jahr beendet, und das, bevor wir ihn auch nur in Augenschein hätten nehmen können. Damals habe ich mir geschworen, daß das nicht die letzte Begegnung sein dürfe.

Ende Januar des Folgejahres: Tief verschneit war die Landschaft, der Forstweg für Autos unpassierbar. Mit Fellen bespannte Tourenski waren da angesagt. Die Tele-Kamera im Rucksack verpackt, stapfte ich noch bei nächtlicher Dunkelheit zwei Stunden lang durch weiße Pracht zum Rotmoos empor. Auf der Höhe fand ich ideale Bedingungen für eine ausgedehnte Winterpirsch vor. Nach dem Tauwetter in der Vorwoche war der tiefe Schnee wieder steinhart gefroren, sodaß man nicht einbrach, und darüber hatte es abends eine Handbreit flockigen Pulvers gestäubt. Völlig geräuschloses Pirschen wurde so auch ohne die lästigen Skier möglich. An einem Stapel aufgeschichteten Holzes schnallte ich sie ab, hockte mich nieder, nagte an einem Brotscherz, trank gesüßten Pfefferminztee und ruhte aus. Heute brauchte ich nicht damit zu rechnen, daß mich hier jemand stören würde, denn die Wettervorhersage hatte für den ganzen Tag eine geschlossene Hochnebeldecke gemeldet, und das traf ja auch zu: die Berggipfel zu beiden Seiten waren dicht. Mit Ausnahme der schwarzen Fichtenstämme war die Landschaft oben wie unten einheitlich weiß gekleidet. Die Kamera mit dem aufgesetzten 600er Tele baumelte mir vor der Brust, den Rucksack geschultert, so machte ich mich fröhlich und zuversichtlicher Laune auf den Weiterweg. Schon während des Aufstiegs hatte ich tiefer unten Rehtritte gefunden und sah mehrfach Rotwildfährten beim Überwechseln der Fahrstraße.

Ja Holla! Als ich den Abzweiger in Richtung Almhütte erreichte, war da in der Nacht ein Rudel von 6 bis 8 Alttieren mit Kälbern gelaufen, und zwar mitten auf dem Weg, denn auch das Rotwild schätzt Bequemlichkeit beim Ziehen. Gekommen waren sie vermutlich aus den südlichen Wäldern von Stepberg oder Rauhem Gewänd, waren über die Fläche gezogen und folgten nun dem Forstweg. Nur hin und wieder waren einzelne Stücke zu einem kurzen Ausflug in Fichtenholz abgebogen, stießen aber immer wieder zum Trupp zurück. Schließlich erreichte ich die an einen Stamm genagelte Holztafel, die den Steig zum Hohen Frieder in 2.050 Metern Höhe markiert. Und genau dahinauf wollte mein Rudel offenbar auch, natürlich den Steig nutzend. Ich folgte über etliche Serpentinen durch jüngeren, geschlossenen Nadelwald, bis zu dem Punkt, wo der Weg eine Weile kaum steigend in Richtung Westen verlief. Da blieb ich dann wie angewurzelt völlig überrascht stehen! Rechter Hand fiel der Hang steil ab und war nur mit vereinzelten Bäumen bestanden, und direkt vor mir, kaum siebzig Schritte weiter unten, stand das Rudel aus Alttieren und Kälbern, ein Spießer war auch dabei. Das Ungewöhnliche war eingetreten, ich lief in sie hinein und die Tiere hatten mich nicht bemerkt.

Eine Rauhfichte bot gute Deckung, und lediglich das behutete Gesicht mit der schwarzen Telekamera lugte bescheiden hervor. Kruzifix! Das lichtschwache Spiegelteleskop war bei den düsteren Verhältnissen völlig unzureichend, das helle Normalobjektiv hätte ich nutzen müssen, doch das fand sich im Rucksack, und da traute ich mich nicht dran. Ich habe dann doch auf den Auslöser gedrückt, denn eine alte Jägerweisheit besagt „Nicht geschossen ist schon gefehlt", und dabei Interessantes festgestellt, weswegen ich diese Anekdote berichte. Die Kamera liefert bei schlechten Lichtverhältnissen ein absolut unzureichendes Sucherbild, sodaß eine manuelle Scharfeinstellung schwierig vorzunehmen ist. Ersatzweise kann ich eine sogenannte Pingeinrichtung zuschalten, die eine Reihe von Tönen bei Scharfstellung von sich gibt. Das hört sich dann so an: „Blipp – blipp – blipp!", dann knackt der Auslöser, der Spiegel schnappt geräuschvoll hoch, und der Motor zieht den Film weiter. Diese Geräusche vernahm das Rotwild augenblicklich, einige warfen lediglich einen desinteressierten Blick herüber, das Leittier äugte minutenlang, aber ohne Anzeichen von Beunruhigung, zu mir auf. Auch weitere Testfotos erregten bei der vorsichtigen Mutter kein Mißtrauen. Dieses Verhalten habe ich später auch andernorts noch öfters festgestellt und erkläre es damit, daß das Wild eine derartige Geräuschkulisse nicht kennt, und vor allem nicht mit unliebsamen Erfahrungen in Beziehung setzen kann.

Bei günstigem Wind gelang es mir auch, mich wieder abzusetzen, ohne daß mich das Rudel wahrgenommen hätte. Wenigstens das war ein Erfolg, auf den ich stolz sein durfte! Man muß sich nämlich darüber klar werden, daß Wildtiere, was die Feinheit der Sinne angeht, uns Menschen in den sportlichen Disziplinen „Äugen", „Lauschen" und „Wittern" haushoch überlegen sind und daß ein Jäger all seine Verstandeskraft in die Waagschale werfen muß, um halbwegs mitzuhalten. Auf meiner eigenen Spur ging ich zurück und erreichte schließlich den Forstweg.

Heiliger Sankt Hubertus! Was war denn nun hier wieder geschehen? Vor meinen Augen verlief eine Hirschfährte aus breiten, fladendicken, runden

Trittsiegeln. Nur ein älterer, mordsmächtiger Berghirsch hat so kurze, von scharfem Gestein rund geschliffene Schalen. Die Fährte kreuzte in gerader Doppelspur die weite Almfläche, querte die Straße und damit meinen Aufstieg und hatte dabei deutlich erkennbar geflickt. Dieser Hirsch war nach mir durchgezogen, und meine Duftspur hatte ihm einen Schrecken eingejagt, wie man auf dem Boden nachlesen konnte. Und noch etwas war auffallend: Beim Ziehen drehte er geringfügig den linken Hinterlauf, sodaß ein verwischter, leicht nach außen weisender Abdruck im Schnee entstand. Irgend eine – vielleicht alte – Verletzung mußte da vorliegen. Um das alles zu erkennen, brauchte man kein Meister der Fährtenkunde sein. Er war danach aber wieder ruhig weitergezogen und in einen Weg hinein, der ein Stück lang eben verlief und beidseitig von gezäunten Schonungen begrenzt war.

Der sollte nicht fern sein, und so verfiel ich in einen lockeren Trab und nahm die Verfolgung damit auf. Nach etwa zehnminütigem lautlosen Dauerlauf bog die Fährte vor mir nach links zwischen schütterem Baumbestand den Abhang hinab und dann sah ich ihn. Er überquerte gerade weiter unten eine ebene Freifläche. Der erste Blick sagte alles: So einen Hirsch hast Du noch nie zu Gesicht bekommen! Es mußte sich um einen ursteinalten Brocken handeln. Ich erkannte kahle, fast schwarze Stangen, die ziemlich gerade und nicht weit gestellt emporwuchsen. Sie waren von einer Stärke, daß ich sie mit Daumen und Zeigefinger kaum würde umfassen können. Was darüber thronte, war eine Krone, die fast waagrecht angeordnet schien, da waren keine nach oben weisenden Enden erkennbar. Durch das finstere Sucherbild der Telekamera glaubte ich weit vorgeschweifte Augsprossen zu erkennen, war mir aber absolut nicht sicher. Eigentlich war ich mir in gar nichts sicher, außer was sein ungeheueres Alter betraf. Und so starrte ich – von ehrfürchtigem Staunen erfüllt – von oben herab auf diesen gemächlich schreitenden einsamen Altkapitalen. In weitem Bogen war er aus den Hangwäldern des Hirschbichel herabgewandert und zog nun wieder dorthin zurück. Als ihn der dunkle Tann verschlungen hatte, blieb ich noch lange stehen und gab ihm so ausreichend Gelegenheit, in Ruhe und ohne menschliche Störung in seine Heimat zurückzukehren, denn er mußte ja etwa da, wo meine Tourenski standen, den Forstweg queren und ich würde auf dem Rückweg dort seine Fährte wiederfinden. Mit großer Sicherheit war es dieser Hirsch, auf den ich ein Vierteljahr zuvor im Anschlag gelegen hatte. Die Begegnung rührte meine Seele an, denn eines wußte ich sicher, dieser alte Hirsch hatte über die Jahre ein hohes Ausmaß an Lebenserfahrung gewonnen und Vorsicht und Mißtrauen allem Fremden und Unbekannten gegenüber zur obersten Maxime erhoben. Doch wie viele Jahre mochte er zählen? 18. Kopf, 20. Kopf, 22 Kopf! Wer will's schon sagen?

Vorletzten Sommer und nach längerer Krankheit war ich endlich wieder bei herrlichem Wetter zu einer ersten, leichten Tour im Bergwald aufgebrochen und hatte mich in Gipfelnähe im Schatten auf einen Steinbrocken gehockt, um auszuruhen. Mit einem Mal hörte ich linker Hand durch dichtes Laubgestrüpp Wild heranziehen. Ein Reh konnte das allein schon von der Lautstärke her nicht sein. Was dann plötzlich zwischen Jungahornen nur teilweise sichtbar vor mir erschien – und zwar auf eine Distanz von kaum zwanzig Metern – war ein junger Basthirsch von wohl drittem Kopf. Ich erstarrte zur Salzsäule, wagte kaum zu atmen, der Wind zog gleichmäßig zu mir her, sodaß er meine Witterung nicht abbekam. Das Hirscherl blieb stehen, wir glotzten einander minutenlang an, und nur der Jäger erkannte, wer sein Gegenüber war. Schließlich äugte der Hirsch unruhig hangab und zog letztendlich in die Richtung, aus der er zuvor erschienen war, davon. Es dauerte geraume Zeit, bis ich den Grund der Störung entdeckte: Ein Wanderer kam den Steig herauf und das Wildtier hatte ihn dank weit besseren Gehörs viel früher entdeckt als ich. Oh, sorgloses Bubenalter mit aller jugendlichen Unbekümmertheit, hatte er doch die von mir ausgehende Bedrohungslage gar nicht erfasst.

Und von noch einem Rothirsch ist hier zu berichten, den ich erstmals im Fernrohr vom Balkon aus in den Latschenhängen unterhalb des Zunderkopfes bei vollem Tageslicht entdeckte. Wegen der flirrenden Luft hatte ich ihn zunächst als Kuh angesprochen, aber eine Kuh ziert sich nur selten mit weißen Kronenenden. Am nächsten Vormittag gegen elf Uhr sah ich ihn wieder an derselben Stelle und in vollem Sonnenschein. Da war eine Ortsbegehung angezeigt!

Auf engem Steig erklomm ich den Bacherswankel, eine schräge Almwiese unter den Gipfeln von Feldern-, Zunder- und Brünstelkopf, und hier spekulierte ich mit dem Glas über eine enge Reiße hinweg in den

Gegenhang, und da stand wieder dieser Hirsch, mit ordentlichem Geweih, aber wohl nicht älter als 4. oder 5. Kopf. Kaum war er meiner ansichtig geworden, wendete er gemächlich und kroch in einen dichten Latschenbuschen. Das Gelände war ringsum ausgezeichnet einsehbar, teilweise offen, er konnte sich nicht einfach davonstehlen, und ich verbürge mich dafür, daß er nichts tat, außer Deckung zu nehmen. Noch zwei Mal im Folgejahr, erst im Mai, als ich bei Schneetreiben von oben herabkam, und später noch einmal, im Juli, demonstrierte mir der leichtfertige Kerl eine Vogel-Strauß Politik, die dem Bilderbuch entstammte. Jedoch, eine weise Natur merzt unbotmäßiges, nicht auf Arterhalt gerichtetes Verhalten gnadenlos aus, ein Oberammergauer Jäger hat ihn im Herbst erlegt.

Der Urkapitale aus dem Rotmoos war nicht mehr aus meiner Traumwelt zu verbannen, aber es gab keine neue Nachricht, er blieb von der Bildfläche völlig verschwunden. Das Frühjahr kam und der Sommer ging und erst im Oktober erreichte mich über die Griesener Forststelle eine Meldung über die Sichtung eines uralten Hirsches in den Hängen des Oberwankel unter dem Friedergipfel, einem Revierteil, in dem seit Jahren nichts mehr erlegt worden war. Allzu große Hoffnungen sollte ich mir dabei nicht machen, so wurde gewarnt.

Bis es völlig dunkel war, verbrachte ich die Zeit mit dem Förster in einem Bodenansitz mit weitem Blick auf steil ansteigende Wiesenlahner, bestückt mit mächtigen Findlingsblöcken, die der Winterfrost aus dem Gefels weiter oben herausgesprengt hatte. Es kam uns ein mittelmäßiger Rehbock, den ich verständlicherweise nicht schießen wollte. Später vertrieben uns zwei unmittelbar vor dem Ansitz spielende Steinmarder wohl eine halbe Stunde lang die Zeit. Der Hirsch aber kam nicht. Beim Abschied übergab mir der Förster für den Morgenansitz den Schrankenschlüssel der Forststraße, und so saß ich noch vor Tag und Tau erneut auf der harten Holzbank, und die Zeit schien stillzustehen. Nichts rührte sich, nicht einmal ein Vogellaut war vernehmbar.

Dann plötzlich riß es mich aus träumendem Dämmer empor: Zu meiner Rechten befand sich ein flacher Buckel, dicht mit niederem Fichtenjungholz bestanden, und dahinter fiel der Grund zu einer lehmigen Reiße hin ab. Und da war Wild, das geruhsam talwärts zog. Immer wieder hörte ich leise Schritte eines Einzeltiers und aus gelegentlichem Brechen von Dürrholz schloß ich, daß es sich nicht um ein Reh handelte, sondern gewichtiger war. Das mußte ein Hirsch sein und dann wahrscheinlich mein Alter, hirschliches Weibervolk zieht nämlich nur in seltenen Fällen allein.

Was tun? Zu Schuß würde ich hier nicht kommen, soviel war klar. Der Vernunft gehorchend, sollte ich abwarten, bis er weitergezogen war, danach lautlos auf dem gleichen Weg, den ich gekommen war, den Ansitz verlassen und auf den folgenden Abend hoffen. Ich konnte aber auch die Fährte vorsichtig abpirschen, um anhand vorgefundener Trittsiegel meine Vermutung bestätigt zu finden. Das war irrational, denn wenn ich das tat, würde ich den Hirsch sehr warscheinlich vergrämen. Doch Menschen sind auch Gefühlswesen und lassen sich nicht ausschließlich durch Ratio bestimmen. Ehe ich mich noch versah, befand ich mich bereits auf Pirsch in schwierigem Gelände, glitt auf feuchtem Lehmboden aus, aber ich stieß auch auf eine Fährte und fand letztendlich genau das, was ich suchte: Das Trittsiegel eines linken Hinterlaufs, das beim Ziehen leicht nach außen drehte!

Das war's denn: der Urige war da gewesen, als ausgewitzter Kämpe war er natürlich nicht, wie naiv von mir erhofft, zur Schußzeit in den freien Lahner ausgetreten, hatte stattdessen – und sich dabei immer in sicherer Deckung haltend – einen weiten Bogen geschlagen, der ihn über das Rotmoos bis hierher führte, und befand sich nun auf dem Rückzug in seine Einstände an den Südhängen des Hirschbichelkopfes. Von meiner Ausfährtung habe ich dem Förster bei Rückgabe des Schrankenschlüssels schamhaft geschwiegen, vermutlich hätte er über so viel Unverstand nur mißbilligend das graue Haupt geschüttelt.

Weihnachten verstrich, dann der Jahreswechsel und den ganzen Januar über herrschte häßliches Schmuddelwetter mit böigem Wind, niemand ging da pirschen. In der ersten Februardekade setzte Frost ein, und eine Handbreit Pulverschnee fiel in den Morgenstunden. Diese Gelegenheit wollte genutzt sein, um nochmals am Rotmoos Nachlese zu halten. Wegen der geringen Schneeauflage waren Ski jetzt nicht von Nöten. Ich parkte das Auto, dort wo der Schotterweg von der Landstraße zweigte, und marschierte kamera- und rucksackbewehrt so gegen sechs Uhr Morgens frohgemut hinan.

Plötzlich, ich war noch keine Viertelstunde gewandert, gingen mir die Augen über und ich starrte völlig sprachlos und verblüfft auf die vor mir liegende, gerade verlaufende Trasse: Mitten auf dem Weg von oben herab kam mir die breite Doppelspur einer Hirschfährte entgegen, bog dann rechts ab und kletterte, so weit feststellbar, in die Steilhänge hinauf. Sie mußte frisch sein, minutenalt, denn als ich daheim frühstückte, fiel noch Schnee. Konnte das der greise Hirsch gewesen sein, den ich über zwei Jahre verfolgt hatte? Wenig wahrscheinlich, denn der war wohl noch niemals zu Tal gezogen, um sich etwa an einer der nahe oder ferner gelegenen Winterfütterungen einzufinden! Niemand hatte ihn jemals hier unten in Aunähe eräugt, schon gar nicht ließ er sich je vor einem der zur Kette aufgereihten Rotwildansitze des Friedergrieses blicken. Die Fährte war nur schwer zu beurteilen, da handhoher lockerer Pulverschnee keine klar lesbaren Trittsiegel hinterläßt. Den Abdruck des linken Hinterlaufs galt es zu deuten, ich blieb aber unschlüssig.

Was konnte ich jetzt tun? Der Zugrichtung in die Steilhänge hinauf zu folgen, erschien kaum erfolgversprechend, vermutlich würde ich damit alles verderben. Wohin wanderte dieser Hirsch? Doch dann kam mir eine Idee: Es war nicht auszuschließen, daß er etwa dreihundert Höhenmeter steil emporzog, um dann in Südhänge überzuwechseln, die wegen Steilheit und mangelnden Buschwerks während des Winters nach Lawinenabgängen häufig schneefrei dalagen. Dieses Gelände war aber weiter oben von der Straße aus recht gut einsehbar, ich mußte mich nur sakramentig beeilen. Einen Versuch war's zumindest wert, und so rannte ich wohl an die vierzig Minuten die steile Forststraße hinauf. Als ich endlich ankam, war ich zunächst dermaßen außer Gefecht gesetzt, daß ich mich einfach zu Boden fallen ließ, erschöpft, naßgeschwitzt und völlig außer Atem. Als die Umgebung wieder Konturen gewann, setzte ich mich aufrecht und betrachtete versonnen die Lage: Sah alles gut aus soweit, eine Lawine war tatsächlich abgegangen, der Lahner fast frei und die Straße von klotzigen Eisschollen verschüttet. Wenn nun noch ein wohlmeinender St. Hubertus dem greisen Hirschhirn meine Wünsche korrekt übermittelt hatte, sollte der Erfolg nicht ausbleiben.

Es verging eine Zigarettenlänge, später noch eine und dann sah ich den Hirsch da, wo ich ihn erwartet hatte, gemächlich in den freien Lahner queren. Und es war tatsächlich der Urkapitale aus dem Roten Moos, das Geweih wies ihn sofort aus! Dieser Hirsch war merklich abgekommen mit eingefallenen Flanken, sodaß jeder einzelne Rippenbogen deutlich hervortrat. Klapperdürr, abgemagert, durchhängender Träger, struppige Decke, ein fast weißgraues Gesicht mit – wie mir schien – übergroßen Lichtern darin, dies alles vermittelte den Eindruck von ursteinernem Alter und Müdigkeit.

Das Geweih war weiter gestellt, als mir erinnerlich, mit starken Stangen, rechts eine lange, aufwärtsschweifende Augsprosse, links wesentlich kürzer, Eissprossen waren beidseitig nur in Ansätzen vorhanden, man hätte nichts daran aufhängen können. Beide Mittelsprossen waren zu kurzen Zapfen verkümmert. Insgesamt sah der ganze Stangenunterbau kahl wie Haselnußstauden im Winter aus. Die Krone aber, die sich darüber wölbte, war in höchstem Maße ungewöhnlich und flach ausgeformt. Wieviele Enden sie letztendlich aufwies, darüber konnte ich mit mir selbst keine Einigkeit erzielen. Da gab es lange Enden, die wuchsen waagrecht aus dem Geweih heraus, bildeten dann einen rechten Winkel und standen quer. Andere strebten himmelwärts, jedoch so kurz, daß sie von unten betrachtet kaum sichtbar wurden. Dieses Geweih war zunächt einmal alt, damit interessant, selbst wuchtig konnte man es nennen, aber es verdiente in keiner Weise mehr Attribute wie „formschön“, „rassig“, oder gar „edel“.

Was mochte diesen gebrechlichen Methusalem dazu bewogen haben, wohl erstmals in seinem langen und in den letzten Jahren sicher heimlichen Wanderleben ins Tal herabzusteigen? Und was hatte er sich dabei gedacht, als er nach Erreichen der Loisachauen sofort kehrt machte und unbeschossen von Büchse und Kamera in seine Berge zurückstrebte? Hatte er sich durch seinen Streifzug etwa Rettung vor drohendem Bergtod im frostig-stürmischem Gipfelbereich versprochen, nur um erkennen zu müssen, daß er sich hier seinem Schicksal – dem Überwechseln in „ewige Jagdgründe“ – wohl auch nicht würde auf Dauer entziehen können? Oder gar wollen?

Vielleicht wird einmal jemand so wie ich, im Bergwald ohne Weg und Steg umherschweifend, in einer stillen und abgelegenen Reviérecke seine abgenagten Gebeine auffinden und die von Regen und Wetter ausgebleichte Trophäe auf den Schultern heimtragen. Während der Hirsch in der weißen Stille verschwand, plagten mich merkwürdige Zweifel. Wohl hatte ich den Zipfel des Teppichs gelüftet und damit einen Blick auf ein von der Natur wohlbehütetes Geheimnis geworfen, das mich möglicherweise im Grunde aber gar nichts anging. So stieg in mir der Verdacht auf, ich hätte aus der Bergeseinsamkeit unüberlegt und diebisch eine Kollekte mitgehen lassen, auf die ich keinen Anspruch hatte.

„Ist die Kugel aus dem Lauf, hält kein Teufel sie mehr auf“

Alter Jägervers

Auf Ansitz

Am reizvollsten ist für mich die Pirschjagd, sie ist schwierig, stellt sie doch allerhöchste Anforderungen an den Jäger. Zunächst ist dabei der Wind zu prüfen, wer mit dem Luftzug geht, pirscht erfolglos. Auf weichen Sohlen bewegt man sich absolut lautlos, darf weder auf trockenes Laub noch auf dürre Zweige treten und nicht über Steine stolpern. Um das alles zu vermeiden, muß man den Blick nicht nur ständig von links nach rechts wenden – schließlich wollen wir ja mögliche Beute erkennen, bevor das Wild uns ausmacht – nein, darüber hinaus sind die Augen ständig auf den Boden zu richten, um Hindernisse auszumachen und verräterische Geräusche zu vermeiden. Im Gamsrevier sind die Schwierigkeiten nicht ganz so groß, doch auf Reh- und Rotwildpirsch ist höchste Konzentration erforderlich. Nur wer das mal zwei Stunden betrieben hat, weiß wie sehr angestrengtes Sehen die Augen ermüdet. Zudem werden hier meist horizontale Schüsse abgegeben, häufig Schnellschüsse, das kann gefährlich sein, wenn der Jäger nicht strikt auf geeigneten Hintergrund mit sicherem Kugelfang achtet.

Ganz anders die Ansitzjagd, ist sie doch ruhig, beschaulich und zudem weniger kritisch, da der Schütze auf einer drei bis fünf Meter hohen Leiter sitzt und Schüsse stets schräg nach unten anträgt, sodaß austretende Geschoßreste in den Boden gehen. Das Ansitzen mußte ich erst erlernen, denn als aktiver Mensch fehlte mir anfangs die nötige Gelassenheit, stundenlang laut- und reglos auf einer harten Holzbank zuzubringen, um die Erlebniswelt Natur zu genießen. In anderthalb Dekaden Jägerlebens habe ich auf vielen Ansitzleitern ungezählte Stunden zugebracht; einige davon gefielen mir, andere aus Gründen, die ich eigentlich gar nicht benennen kann, weniger. Weniger attraktive Leitern habe ich vernachlässigt, die guten Sitze hingegen vermehrt aufgesucht. Als unmittelbare und natürliche Folge stellte sich eine erhöhte Zahl von Wildbeobachtungen, auch Abschüssen, an den von mir favorisierten Leitern ein, sodaß sie in meiner Vorstellung immer noch besser wurden. Daß das nicht unbedingt logisch klingt, weiß ich.

Eine Ansitzleiter in Baden-Württemberg ist mir dabei über die Jahre deutlich ans Herz gewachsen und ich gehe heute noch gerne hin. Sie steht etwas erhöht über dem Talkessel auf einer ebenen Fläche, licht bestanden mit hohen Buchen und Buschwerk. In der Hauptblickrichtung steigt das Gelände steil und wenig bewachsen empor. Unten im Tal verläuft eine viel befahrene Bundesstraße, die zu jeder Tageszeit eine permanente und eigentlich unerfreuliche Lärmkulisse liefert, was Wunder, daß diese Leiter mir keiner meiner Mitjäger je ernsthaft streitig machte. Als ich den Ansitz übernahm, war das Gestell bereits deutlich in die Tage gekommen, dringend mußten zwei Stützen, mehrere Haltestangen, Leiterholme und Pflöcke ausgetauscht werden. An einem Pfingstmontag rückte ich zusammen mit meiner Frau als Reparaturkolonne aus, das benötigte Stangenmaterial hatten wir in der Vorwoche bereits dort abgeladen. In den nächsten Stunden wurde der Straßenlärm übertönt vom fröhlichen Schall von Axthieben, Sägen, Hämmern und lauten Rufen. Das Wetter war warm, und der Schweiß lief in Strömen, das macht durstig! Während einer Zigarettenpause bat ich meine Frau, doch ein paar Flaschen Bier zu organisieren. Als sie nach einer halben Stunde wieder auftauchte – ich schlug gerade mit dem Vorschlaghammer Pflöcke ein – blieb sie in einiger Entfernung jäh stehen und starrte reglos herüber. Auf meinen Zuruf, hier sei jemand halb verdurstet und sie möge doch freundlicherweise herkommen, streckte sie lediglich den rechten Arm aus und deutete ins Gelände. Ich wandte mich um und wollte meinen Augen nicht trauen, stand da doch tatsächlich, nicht mehr als einen Steinwurf entfernt, ein Rehbock und schaute mir seelenruhig bei der Arbeit zu. Donnerwetter, das war ja noch dazu ein braver, ordentlicher Abschußbock! Man sollte nicht glauben, daß so etwas angesichts des Radaus, den wir hier veranstaltet hatten, überhaupt möglich war! Wir legten dann erst mal eine Bierpause ein und beobachteten dabei den Bock. Als ich mein geräuschvolles Tun wieder aufnahm, lief das Waldtier zwar umher, hielt sich aber penetrant innerhalb einer guten Schußdistanz. Damit hatte ich eine wichtige Lektion erhalten: „Gehe niemals ohne Büchse in den Wald!" Natürlich waren nun alle ursprünglich für den Abend geplanten Dispositionen über den Haufen geworfen.

Ab 18.30 Uhr saß ich bewaffnet auf der frisch reparierten Kanzel und fühlte mich vorerst einmal ganz allein gelassen. Die Sonne stand schon tief, und um mich herrschte Dämmerung. Mehr spielerisch glaste ich umher und gewahrte plötzlich einen Ast, der sich zu bewegen schien. Doch nein, das waren ja gar keine trockenen Zweige, das war ein Rehgehörn! In einer flachen Mulde ein Stück weit den Hang hinauf und noch gut in Reichweite meiner Büchse lag der dreiste Kerl vom Nachmittag und ließ sich genüßlich die dort noch einfallenden letzten Sonnenstrahlen auf die Decke scheinen. Zu sehen bekam ich von ihm lediglich das Gwichtl, und das bewegte sich hin und wieder, sobald er das Haupt wendete. Unglaublich! Mein Eintreffen vor Ort und Aufbaumen konnten ihm keinesfalls entgangen sein! Stand ja alles zum Besten, ich brauchte nur abzuwarten, bis er sich erhob und zum Äsen zog. Das aber dauerte dann doch noch bis gegen acht Uhr, als er sich endlich bequemte aufzustehen und herabkam. Trocken lauter Schußknall, der unmittelbar als Echo vom Gegenhang zurückgeworfen wurde, als ich ihm auf eine Distanz, die ein Fehlen eigentlich nicht zuließ, den Kammerschuß antrug.

Noch im Büchsenfeuer gewahrte ich durch das Zielfernrohr wahrhaft Grausliches! Dieser Rehbock hatte in keiner Weise gezeichnet, ja er lief flüchtig in größerem Bogen an meiner Leiter vorbei und verschwand dann einen Hang hinab und aus meinem Gesichtsfeld, just so, als wäre überhaupt nichts geschehen. Den hatte ich aber sauber gefehlt! Nein unmöglich! Oder doch? Von heftigen Zweifeln geplagt, der Schreck saß mir in allen Gliedern, blieb ich sitzen, denn ich befürchtete, ihn nur angeschossen zu haben. In diesem Fall mußte ich ihm ausreichend Zeit geben, in Ruhe zu verscheiden, bevor ich mich auf die Nachsuche machen konnte. Etwa eine halbe Stunde später baumte ich ab und fahndete bei Dunkelheit mit der Taschenlampe nach dem Anschuß, fand ein paar geringfügige Spritzer roten Schweißes, markierte die Stelle und durchkämmte weitschweifig, doch ergebnislos das Gelände. Nur ein abgerichteter Jagdhund konnte jetzt noch helfen. Ich fuhr zum Zwinger, den ich verschlossen fand, der Jäger hatte den Schlüssel auf Ansitz mitgenommen. Also kutschierte ich durch seinen Revierteil, fand ihn auch, erhielt den Schlüssel und holte den Rüden. Als ich den Hund ins Auto setzte, bemerkte ich, daß er entsetzlich nach Käse stank, womit hatte man den nur wieder gefüttert und wie sollte er da wohl Witterung aufnehmen? Tat er dann auch nicht, lief nur ziellos umher, während über uns im Hang ein Reh lauthals schreckte, die Zweifel an meiner Schießfertigkeit nahmen wieder zu. Gegen elf Uhr brach ich die Suche ergebnislos ab und vertagte mich auf den kommenden Tag.

Seit 4.30 Uhr hockte ich wieder auf der Ansitzleiter in Erwartung ersten Tageslichts. Bei Morgengrauen tauchte ein Fuchs auf, schnürte an den Anschuß und weiter den gleichen Bogen, den der Rehbock am Abend zuvor genommen hatte. Ich kletterte die Leiter hinab und erkannte sofort, daß der eigentliche Anschuß etwa zwanzig Meter hinter meiner Markierung lag und da war weitgestreut Schweiß, wie mit einer Gießkanne ausgeschüttet. Der Wildfährte ließ sich unschwer folgen, denn überall fanden sich rote Spritzer an Grashalmen und Blattwerk. Ich rutschte einen Abhang hinab bis zu einem verfallenen Holzabfuhrweg und wo dichtes Holundergebüsch aufwuchs und darunter fand ich auf Anhieb den toten Bock, der Wildkörper war leider über Nacht so stark von Füchsen angeschnitten worden, daß an eine Verwertung des Wildbrets nicht mehr zu denken war. An eben dieser Stelle des Forstweges hatte ich nachts zuvor mit dem Rüden gestanden, die Beute keine zehn Schritte entfernt und der Suchhund hatte nicht angezeigt.

Mein Schuß, ordentlich angetragen, lag nur um Zentimeter tief und hatte das Herz getroffen. Herzschüsse sind bei Wildtieren stets problematisch. Dazu gibt es veterenärmedizinische Untersuchungen. Aus ihnen geht Folgendes hervor: Ist diejenige Herzkammer, die aus der Lunge zurückfließendes frisches Blut in den Körper pumpt, bei Aufschlag eines Geschosses leer, der Kreislauf daher mit saurstoffangereichertem Hämoglobin gut versorgt, dann kann ein Stück Wild noch eine ganze Strecke laufen. Ist die Kammer jedoch voll und der Kreislauf unterversorgt, dann verfügt das Tier über keine Energie und bleibt am Anschuß liegen. So bedauerlich Derartiges ist, ein Jäger hat darauf überhaupt keinen Einfluß.

So blieb mir nur, das Haupt einer guten Trophäe vom Rumpf abzuschärfen und den Kadaver in der Tierkörperverwertung zu entsorgen. Niemand tut so etwas gerne, denn es bebelastet das Gemüt. Gott sei Dank war dies die einzige Nachsuche meines bisherigen Jägerlebens!

Von einem weiteren Rehbock will ich hier erzählen, den ich erstmals gegen Ende Mai auf der Pirsch quer durch einen bewaldeten Steilhang gewahrte. Sofort legte ich mich auf den Boden des verkrauteten Forstwegs und schob mich bis an die Böschung, sodaß ich hinabblicken konnte. Voll Staunen besichtigte ich einen wahren Prachtbock, die Sechserstangen waren von dunkelster Färbung, wiesen breite Rosen und eine Perlung, die sich sehen lassen konnte, aus. Den wollte ich unbedingt haben! So zog ich den Repetierer vor, da geschah etwas höchst Merkwürdiges: Das Reh blickte zu mir auf, konnte nur mein behutetes Gesicht gewahren und wußte, daß da etwas war, was nicht dorthingehörte, stieß etliche Schrecklaute aus und entschwand in dichtem Buschwerk. Meine Witterung hatte der Bock mit Sicherheit nicht abbekommen, mich auch nicht vernommen, denn ich lag laut- und völlig reglos da, nur optisch hatte er mich wahrgenommen. Höchst ungewöhnlich und merkwürdig!

Am Folgemorgen saß ich auf besagter Ansitzleiter, denn da mochte er auch entlang kommen. Nach etwa zwei Stunden wollte ich schon aufgeben und abbaumen, da ertönte plötzlich rechter Hand Reh-Gebell, und er war's wieder, von Grünzeug völlig verdeckt, lediglich das mir zugewandte Haupt wurde sichtbar. Wiederum konnte er mich auf der verkleideten Leiter nur über die Seher wahrgenommen haben und ließ seinem Unmut freien Lauf. Ich bin auch der festen Überzeugung, daß er mich schon von weiter weg aus eräugt hatte und mich listig, sich stets in guter Deckung haltend, regelrecht angepirscht hatte. Donner Wetter!

Ein Schuß war so nicht anzubringen, und ich wollte das eigentlich auch gar nicht. Ich lasse es nämlich relativ häufig zu, daß jagdbares Wild an mir vorbeizieht und ich die Büchse nicht sprechen lasse. Jawohl, Sie haben richtig gelesen, und ich weiß auch, daß erfolgreiche Jäger zur Erfüllung des amtlichen Abschußplans schießen, was gerade freigegeben ist. Wer das nicht tut, kommt gegen Jahresende unweigerlich in die Bredouille mit der behördlichen Planerfüllung. Bei mir ist das aber anders: Zieht ein Wildtier – wie hier – an mir vorbei und zeigt dabei irgendeine Verhaltensauffälligkeit, dann will ich das in voller Länge genau beobachten, darüber nachdenken, vielleicht Fachbücher zu Rate ziehen, bis eine brauchbare Erklärung gefunden ist. Immer stelle ich mir die Frage: Was ist da eigentlich los, warum verhält sich ein Tier so? Manchmal habe ich es auf ein ganz bestimmtes Wildtier abgesehen, und ich geben keine Ruhe, bis es erlegt ist oder ich die Aussichtslosigkeit meines Vorhabens einsehen muß. Währenddessen zieht anderes Wild unbeschossen am Ansitz vorbei. Mein Traumbock war inzwischen weiter schimpfend wieder auf und davon gegangen. In der Folgewoche begegneten wir uns auf Pirsch und Ansitz noch öfters, und jedes mal ging's aus wie das Hornberger Schießen, bevor ich das Gewehr in Stellung bringen konnte, sah er mich, schimpfte und flüchtete.

Aber dann kam der 2. Juni 1998, und da trieb er sein Spielchen endgültig zu weit. Diesmal kam er von der rechten Flanke und damit aus einer Gegend, in der er eigentlich keine Revierrechte haben sollte. Flink sprang er unmittelbar auf meinen Ansitz zu, verharrte in Schrotschussweite in völlig freiem Gelände, starrte zu mir auf und stieß aus vollem Hals eine Serie von Schrecklauten aus. Das Ganze war so schnell und für mich überraschend geschehen, daß ich nicht einmal die Zeit hatte, meine Büchse vom Haken zu nehmen. So saß ich denn da, wagte den Griff nach dem Repetierer nicht – er hätte die Bewegung unweigerlich wahrgenommen – und erstarrte statt dessen zu Stein. Doch dann kam's noch viel fürchterlicher! Mit wenigen kurzen Sprüngen kam er direkt zu meiner Leiter, verhielt unmittelbar unter meinen Füßen, starrte durch die Holme zu mir auf, blaffte mich an, während ich nolens volens weiter den Stein mimte. Wie lange das so währte, weiß ich rückblickend beim besten Willen nicht zu sagen, mir schien sich Ewigkeit an Ewigkeit zu reihen.

Plötzlich sprang der Rehbock ab, verhielt dann wieder breit stehend und schmähte mich aus. Doch ich hatte blitzartig reagiert, mich in einer einzigen Bewegung erhoben, den Blaser aufgenommen und in die Schulter eingezogen. Während der Bock in einem Halbbogen um den Ansitz flüchtete, erlegte ich ihn stehend freihändig, das Gewehr dabei mitschwenkend. Der Schuß saß goldrichtig, die Wucht der eigenen Fliehkraft trug den Bock nur wenige Schritte, dann brach er zusammen, schlegelte kurz mit den Hinterläufen, und es war zu Ende. Ich setzte mich erst mal wieder nieder, um mich von diesen wirklich unglaublich aufregenden und spannenden Minuten zu erholen. Die Freude kam erst später, als ich an die Beute trat. Ich legte meine Hand an das Gehörn, befühlte den Zahnabrieb, prüfte Ein- und Ausschuß, danach schnitt ich zwei Zweige tauchte sie in die Wunde, steckte den einen dem Rehbock als „Letzten Bissen" in den Äser und befestigte den andern am Hut. Damit war alter Jagdtradition Genüge getan und ich durfte mit dem Aufbrechen beginnen. Seine Trophäe hängt heute an meiner „Wand der Lieblinge", wie Freiherr von Kramer-Klett seine Trophäenwand genannt hatte, und wenn ich auf meine hinblicke, fällt mir sofort alles wieder ein, als wäre es erst gestern geschehen. Dieses Gehörn ist bis heute das Zweitbeste meiner Sammlung geblieben.

Die beste Rehtrophäe aber erlangte ich im Altholzbestand der Reschbergwiesen des Farchanter Forstreviers. Zwei volle Wochen im Mai/Juni standen mir wahlweise drei vielversprechende Ansitze zur uneingeschränkten Verfügung. Mein Freund Claus Walcher, Leiter der Forststelle und Gemeinderat gab mir den Wink, mein Fahrzeug immer am Abzweiger der zu den Ansitzen führenden Stichstraße abzustellen, jeder erkannte daran, daß ich im Revier war, und niemand würde mich stören. Waren das nun nicht großartige Aussichten, das Wetter war herrlich und meine Seele jubelte. Es dauerte dann aber nicht lange, bis der Frust einsetzte. Täglich saß ich Morgens und Abends je zweieinhalb bis drei Stunden auf wechselnden Leitern, doch es rührte sich absolut nichts. Wenigstens Rotwild hätte man sehen müssen, auch wenn keine Schußzeit war, eine Ricke mit Kitz oder wenigstens einen Hasen. Nur die Singvögel zwitscherten fröhlich durch's Gezweig, auf die hatte ich es nun wirklich nicht abgesehen. An einem der Hochsitze schnürte regelmäßig eine klapperdürre Fähe auf Nahrungssuche für den Nachwuchs vorbei, ihr Abschuß verbot sich aufgrund der Jagdbestimmungen über Setzzeiten. Hatten andere Jäger hier etwa tabula rasa veranstaltet? So verging die erste Woche, meine Laune sank in unergründliche Tiefen, und die zweite Woche verlief gleichermaßen. Wie sollte ich mich Dritten gegenüber rechtfertigen? Man würde ja hinter meinem Rücken über mich spotten! Am Sonntag mußten wir wieder abreisen, der Urlaub ging zu Ende.

Meine Frau war dagegen, gab aber angesichts meiner bedrohlichen Stimmungslage nach, und so packte ich am Sonntag noch vor fünf Uhr meine Knarre, zog zu Holze und hockte mich hoch oben in eine schöne, aber wiederum völlig tierfreie Botanik. Damals war ich genauso scharf geladen wie mein Repetierer. Zwei Stunden später baumte ich ab und ging langsamen Schritts und tief bedrückt die paar hunder Meter zum Auto zurück. Nur einen Steinwurf von meinem Wagen entfernt zweigte rechter Hand ein schmaler Waldweg ab. Als ich einen Blick hineinwarf, erkannte ich einen Rehbock am Waldsaum, der gerade den Pfad queren wollte. Ich bin kein Freund von Schnellschüssen und will eigentlich immer vorher wissen, was ich beschieße. Doch dieses Mal hatte ich zum Ansprechen keine Zeit, denn innerhalb von Sekunden mußte der Bock wieder in der Dickung abtauchen. Anheben der Büchse, spannen, stehend am Haselnussstecken Anstreichen, kurz ins Ziel gehen, schon brach der Schuß und der Bock sprang ab. Ich fand ihn einige Meter tief im Unterholz, vorschriftsmäßig erlegt und von einer Trophäe gekrönt, die sich sehen lassen konnte. Halleluja! St. Hubertus sei's gepriesen! Vierzehn Tage völlig ergebnislose Jagd waren plötzlich vergessen, der Erfolg hatte sich in den letzten zwei Minuten eingestellt und mein Ansehen war wieder gerettet. Meine Edith konnte sich den Wandel in meiner Stimmungslage zunächst überhaupt nicht erklären, ich habe sie nämlich auf die Folter gespannt und erst auf der Fahrt Bericht erstattet. Man muß halt Jäger einfach machen lassen!

Überlebensformel

Am Anfang schuf Gott Himmel und Erde, und die Erde war wüst und leer. So lesen wir in der Bibel. Als aber unser Planet die erste feste Kruste gebildet hatte, entstand eine Atmosphäre aus Gasen, die bei vulkanischen Ausbrüchen frei wurden: Sie bestand aus Wasserstoff, Kohlendioxid, Stickstoff, Methan, Ammoniak und Schwefelwasserstoff; Sauerstoff dagegen fehlte. Bis vor vier Milliarden Jahren war der blaue Sonnentrabant von einem Eispanzer bedeckt, der zu schmelzen begann und Meere bildete, als riesige Eruptionen auf der Sonne gewaltige Energien freisetzten. Hinzu kamen starke kosmische Strahlung, elektrische Entladungen und Vulkanergüsse unvorstellbaren Ausmaßes. In dieser „Ursuppe" entwickelten sich aus anorganischer Materie frühe organische Verbindungen, wie Amino-, Essig- und Milchsäuren, die Bausteine jeglichen Seins.

Der Ursprung allen Lebens liegt im Meerwasser: vor 2 Milliarden Jahren konnten sich darin primitive Einzeller bilden, 400 Millionen Jahre später formten sich durch deren Teilung erste größere Organismen; und damit war die Initialzündung für eine globale Evolution des Lebendigen auch schon gegeben. Als Pioniere der Theorie, die an Stelle göttlicher Fügung fast blasphemisch Naturwissenschaft und Zufall setzte, gelten der Franzose Lamarck (1744–1829) und der Engländer Charles Darwin mit seinem 1859 erschienenen berühmten Werk „On The Origin Of Species". Nach Darwin entstanden neue Arten durch permanente Selektion und Anpassung an veränderte Umweltbedingungen. Diese Entwicklung verlief jedoch nicht geradlinig und auch nicht kontinuierlich, vielmehr entstanden in sporadischen Abständen eine Vielzahl neuer Pflanzen- und Tierarten, ein Vorgang, der mangels Erklärung unter dem Begriff „Radiation" in den wissenschaftlichen Sprachgebrauch einging.

Der schwierigste Schritt in diesem Prozess war sicherlich derjenige, aus dem dichten Medium Wasser heraus an Land zu gelangen, den dann zuerst Pflanzen wagten. Alle später folgenden Tiere mußten ein die Schwerkraft überwindendes Skelett erfinden, Kiemen auf Luftatmung umrüsten, und außerdem Augen und sonstige Sinnesorgane grundlegend veränderten Bedingungen anpassen. Es gab aber auch Züge in entgegengesetzter Richtung, wie etwa die Seegraswiesen des Mittelmeeres, die aus vom Land ins Wasser zurückgekehrter Flora bestehen. Wale und Delphine sind wohl die uns bekanntesten Beispiele ins nasse Element heimgekehrter Säuger.

Im Inneren jeder Zelle findet sich ein schraubenähnliches Gebilde, Doppel-Helix oder Desoxyribonucleinsäure (DNA, DNS) genannt, die den genetischen Code darstellt, in dem alle arttypischen Merkmale eines Individuums verankert sind. Dieser „Datenspeicher“ wird von Generation zu Generation weitergegeben und ist nahezu unveränderlich – aber eben doch nicht ganz. Im Laufe von Jahrmillionen entwickelten sich – durch äußere Einflüsse verursacht – Änderungen der DNS, damit kam es zwangsläufig zur Entstehung neuer Arten. Wer sich nicht anzupassen verstand, starb bald aus, und die Wissenschaft vermutet, daß ca. 90 % allen entstandenen Lebens bereits wieder verschwunden sind. So ist z. B. mehr als ein Drittel der Säugetierordnungen heute nur noch aus Fossilienfunden bekannt. Insgesamt läßt sich feststellen, daß die Forschung bis dato viele Fakten aufgedeckt hat, wir aber noch weit davon entfernt sind, die biologische Evolution in allen ihren Prozessen zu verstehen und zu erklären. Unverständlich ist bis heute vor allem, wie es zu einer zweigeschlechtlichen Vermehrung und damit zu einem erhöhtem Genaustausch kam. Ohne die Einführung der Sexualität wäre unsere Welt bei weitem nicht so bunt und farbenfroh, wie sie sich heute darstellt, denn sie ist es, die immer kompliziertere Dialoge bei der Werbung diktierte und ist als eigentliches Motiv für Nahrungsuche, Kampf und Spiel anzusehen. Bei ungeschlechtlicher Vermehrung hätte ein Hirsch beispielsweise keine Stirnwaffen entwickelt, die Notwendigkeit für das bunte Gefieder bei Vogelmännchen entfiele. Gordon Rattray Taylor sagt, das Leben ließe sich auch als Reaktionsvermögen definieren, und dieses Reaktionsvermögen führt zu einem Gehirn, zum Verstand, zum Bewußtsein und vielleicht schließlich zum Gefühl der eigenen Identität.

Ein Lebewesen nimmt seine Umgebung über die Sinne (Sehen, Hören, Riechen, Schmecken, Fühlen) wahr, je besser diese ausgeprägt sind, um so rascher und zielorientierter kann es auf veränderte Umwelteinflüsse reagieren.

In der Natur entstehen neue Arten meist, weil sich geographisch getrennte Populationen soweit von ihrer Familie entfernen, daß gar keine Kreuzungen mehr auftreten können, selbst wenn beide Formen, dann aber unter veränderten Umweltbedingungen, überschneidende Verbreitungsgebiete einnehmen. So führt beispielsweise die Paarung von Schafweibchen und Ziegenmännchen zu einem befruchteten Ei, der Embryo jedoch wird abgestoßen bzw. resorbiert. Pferd und Esel zeugen zwar lebensfähige Junge (Maultiere), die aber steril sind und sich nicht vermehren können. Man spricht hier von biologischen Fortpflanzungsbarrieren, ohne deren Errichtung Unterordnungen einzelner Rassen gar nicht entstehen könnten.

Eine alte Weisheit innerhalb der Jägerschaft lautet: „Die Jagd ist so alt wie die Menschheit." Doch eigentlich stimmt das so nicht. Wenn man unter Jagd den Erwerb von Nahrung zum eigenen Überleben versteht, so ist Jagd viel, viel älter als die Menschheit, bildet doch das Fressen und Gefressenwerden die Grundlage allen Bestehens auf Erden. Wen wundert's, daß sich Opfer durch immer raffiniertere Methoden vor eben diesem Gefressenwerden zu bewahren suchen und Räuber gleichzeitig immer bessere Jagdmethoden ersinnnen. Im Grunde haben wir es tatsächlich mit einem permanenten Bewaffnungswettlauf zu tun, der als gutes Beispiel am seit Urzeiten geführten Krieg zwischen Gräsern und Pflanzenfressern deutlich wird. So lagerten die Gräser in ihrer Substanz stetig Kieselsäure ab und wurden immer härter, um sich solcherart vor Freßfeinden zu schützen. Die Grasfresser hingegen entwickelten desto stärkeren Zahnbelag, um die zunehmend stacheligeren Kräuter überhaupt kauen zu können. Derartige Rüstungswettläufe finden auch heute noch überall statt und werden eigentlich nie zu Gunsten einer Seite entschieden. Die Wiederkäuer andererseits erfanden im Laufe ihrer Entwicklung den Pansen, einen dem eigentlichen Magen vorgelagerten Sack, quasi als Nahrungssammelbehälter. Wer vor Raubtieren auf der Hut sein muß, darf beim Äsen keine Zeit verschwenden. So stopfen sich Rothirsch, Gams und Reh hastig den Pansen mit nur angekautem Grün voll, um anschließend in Versteck und Einstand die gewonnene Nahrung geruhsam zur besseren Verwertung aufzuschlüsseln; ein bemerkenswerter evolutionärer Schritt im Dienste der Arterhaltung. Hirsche haben diese Strategie im Laufe ihrer Geschichte sogar mindestens zweimal, und zwar unabhängig voneinander, erarbeitet.

Vor etwa 40 Millionen Jahren lebte in Asien, wie Fossilienfunde zeigen, ein kleiner, langschwänziger Paarhufer, den die Forschung „Archeomeryx" taufte. In ihm glaubt man die Urform aller unserer Wiederkäuer zu erkennen

20 Millionen Jahre dauerte es aber noch, bis sich sämtliche heute bekannten Pflanzenäser entwickelt hatten: Hornträger, Giraffen, Hirsche und Zwerghirsche. Im sogenannten Pliozän (zwischen 5 und 1,8 Millionen Jahren vor der Zeitrechnung) bildeten die Gehörnten dann verschiedene Unterfamilien und Gattungen, wie Rinder, Antilopen, Ziegen, Schafe und Gemsartige heran.

Die frühesten Vorfahren aller Cerviden, auch der Trughirsche, zu denen heute das Reh zählt, waren zunächst geweihlos. Älteste Funde deuten auf eine beharrliche Weiterverbreitung der Hirschartigen, von Asien ausgehend, über den ganzen Erdball, schon vor etwa 40 Millionen Jahren, hin. Urtümliche, vorerst kahle, dafür aber mit stark verlängerten Oberkiefereckzähnen bewaffnete Paarhufer gediehen allmählich im Zeitraum von vor 25 bis 10 Millionen Jahren.

Die Echthirsche (Cerviden) kann man von Vorfahren, die den heutigen Muntjakhirschen ähnlich waren, ableiten. Die ersten echten Geweihträger, mit dolchartigen Eckzähnen als Kampfwaffe versehen, waren geboren. Erstaunlicherweise hat der urweltliche Muntjak seit jener Zeit bis heute nahezu unverändert überlebt, was auf eine frühe ideale Anpassung auch an seine jetzige doch stark veränderte Umwelt hindeutet. Einige Wurzeln aus dieser Entstehungsgeschichte finden sich bei Rothirschen noch immer in der Form von Grandeln, ja, mehrere Verhaltensforscher haben sogar beobachtet, wie sich streitendes Rotwild auf die Hinterläufe aufrichtete und den Gegner mit entblößten Grandeln einzuschüchtern versuchte. Die Hauer sind zwar längst entschärft, das überkommene Verhalten ist aber trotzdem noch rudimentär vorhanden.

Das Sechserstadium der Stirnwaffe wurde überwunden; Riesenhirsche mit einer Geweihspanne von über 3,5 Metern als Ausdruck evolutionären Geschehens entstanden und verschwanden wieder unter dem Druck veränderter Umweltbedingungen, denen sie nicht rasch genug folgen konnten. In der alten Welt erschienen während der Eiszeitperioden schließlich überall Elche, Rentiere und Rehe.

Die Wiege der Gemsen und ihrer nahen Verwandten liegt im Himalaya, also in Zentralasien. Vor etwa 3 Millionen Jahren lebte hier eine Gazelle (Pachygazella), grazil, und an das Leben im Fels angepaßt, aus der sich die heute noch lebenden Gemsartigen (Ostasiatische Seraue, und Gorale, nordamerikanische Schneeziegen und europäische Gemsen) entwickelten. Die jetzigen Einzugsräume unserer Gemsen entstanden langsam, aber dennoch unaufhaltsam, dem geographischen Wandel im Laufe der Eiszeit folgend, vor 1,8 Millionen bis etwa 10.000 Jahren.

Diese Epoche umschloß mehrmalige Wechsel extremer Temperaturen von warm zu kalt und umgekehrt. Während der Kälteperioden waren weite Gebiete der nördlichen Hemisphäre vom Inlandeis bedeckt, Himalaya, Kaukasus und Alpen erstickten förmlich unter den Schneemassen, überall reichten Gletscher bis weit ins Vorland. Tiefer gelegene Landschaften inmitten des Permafrosts bildeten baumlose Tundra; Pflanzen und Tiere wurden in eisfreien Regionen zusammengedrängt. In Wärmeperioden andererseits fand eine Wiederbesiedelung fruchtbarer Gegenden statt, dort wuchsen bei milderem Klima in geeigneten Enklaven auch allmählich dichte Wälder auf.

Damals wird es wohl gewesen sein, als das Wild zweckorientiert die Fähigkeit zum jährlichen Haarwechsel mit kurzer Sommerdecke und wärmedämmendem Winterfell erfand. Seit Menschengedenken tragen Wildtiere denn auch ihre eigene Wetterwarte „im Bauch". Wenn Gemsen z.B. bei noch warmen Temperaturen in Tallagen herabsteigen, dann läßt sich in der Regel, ja sogar mit ziemlicher Sicherheit, ein bevorstehender Kälteeinbruch erwarten.

In den Perioden baumloser Tundra, die ja keinerlei Einstandsmöglichkeit bot, mußten Hirsche notgedrungen ihre Art der Rudelbildung als Überlebensstrategie zum Schutz vor Freßfeinden erlernen. Wer als Beutetier in weit einsehbaren Regionen geboren wird, kann ja etwas Sicherheit nur in der Menge finden. Räuber, das ist seit langem bekannt, müssen zu erfolgreicher Beuteerlegung jeweils ein bestimmtes Exemplar genau fixieren. Wild flüchtende Herden aber verwirren den Angreifer und erhöhen damit die Überlebenschancen des erwählten Opfers. Nahrungsaufnahme durch Äsen war nur dann gefahrlos zu bewerkstelligen, wenn ständig Wächter den Blick in die Umgebung richteten, so entstand die Leittierfunktion. Hirsche fanden damals in offener Steppenlandschaft ideale Lebensbedingungen, und diese Prägung wirkt bis heute nach. Mit zunehmender Erwärmung wuchs da, wo früher tundraähnliche Vegetation stand, dichter Wald auf. Wie sollte sich der Riesenhirsch darin geräuschlos bewegen, ohne dauernd mit seinem Geweih von vier Metern Spannweite irgendwo anzustoßen? Dem Giganten gelang die Anpassung an die neue Lage nicht und so starb er aus, kleinere Hirscharten aber überlebten. Jäger können ein Lied davon singen, wie es ist, wenn man sich im Wald auf Ansitz befindet und ein Rothirsch in der Nähe vorbeizieht. Sichtbar wird er selten, aber hören kann man ihn, da er bisweilen mit den Stangen krachend an Baumstämmen aneckt.

Die Rehe ihrerseits entwickelten eine völlig andere Überlebensstrategie, sie wurden zu dem, was man heute als „Schlupfer" bezeichnet: nämlich Bewohner von Busch- und Waldrandzonen. Anders als Hirsche, die in Formation flüchten, um so raschestens große Distanz vor der drohenden Gefahr zu gewinnen, neigt beunruhigtes Rehwild eher dazu, sich durch Verstecken zu drücken und in einer Art Verwirrspiel Angreifer abzuschütteln. Nur ganz selten flüchten Rehe über den engsten Lebensbereich hinaus. Wer so reagiert, für den ist es sicherlich vorteilhafter, allein und unauffällig zu leben, hier wäre Rudelbildung jedenfalls nicht zweckdienlich.

Bei Gemsen führte die mit der zunehmenden Erwärmung einhergehende Bewaldung der Niederungen zum Rückzug dieser Berggazellen auf dürre Lahner. Ihre Besiedelung Kleinasiens und Europas erfolgte in zwei Wellen. Während der Riß-Eiszeit (vor 400–250.000 Jahren) eroberten sie West- und Südeuropa und erreichten die Mittelgebirge, Apennin und sogar die Pyrenäen. Die zweite Einwanderungswelle aus Osten erfolgte in der Würm-Eiszeit (vor 100–10.000 Jahren) und damit auch die Inbesitznahme der Alpen. Kälteperioden zwangen die Gemsen jedesmal ins Unterland, wo sie zusammen mit Mammuts, Wollnashörnern, Riesenhirschen, Wisenten, Auerochsen, Steinböcken und Wildpferden lebten. Selbstverständlich waren damals Beutegreifer überall präsent: Wolf, Luchs, Höhlenbär, Löwe, Leopard, Gepard, Hyäne; und seit Ende der Riß-Eiszeit auch der Neandertaler.

Aggressive Verhaltensweisen finden im Tierreich allgemeine Verbreitung. Man versteht darunter im weitesten Sinn jene, die in der Auseinandersetzung zwischen den Arten einerseits, aber auch unter Artgenossen auftreten. In letzterem Fall sind sie meist ritualisiert, damit entschärft, um so das Überleben der eigenen Art nicht zu gefährden. Ausdruck finden sie in Droh- und Imponiergehaben, Angriff, Verteidigung, Flucht oder auch

Ein Hirschjahr:
Mit dem Abwerfen der Stange geht die totale Degradierung einher …

Basthirsch im sogenannten „Bügeleisenstadium"…

Stimmgewaltiger kapitaler Hirsch

Wenn das Alttier die Lauscher zurücklegt, ist Gefahr im Verzug

Wer sich unbotmäßig aufführt, wird vom Alttier zurechtgestutzt…

… und das kann sogar mit einem Platzverweis enden

Die Verständigung der Tiere mittels Lautgebung, Düften, Bewegungen- und Bewegungsfolgen dient der Verständigung innerhalb der eigenen Art, nicht aber gegenüber anderen. Im Fortpflanzungsprozeß kommt dieser Kommunikation große Bedeutung zu, nur wenn der meist komplizierte Dialog arttypisch abläuft, kommt es zur Paarung. Wird die Signalkette jedoch an irgendeiner Stelle durch Reaktionen unterbrochen, die nicht in das spezifische Schema passen, findet die Paarung nicht statt. Da aber Signalart und -abfolge in der Regel nur unter Artgenossen bekannt sind, können Wildtiere auch nur mit der eigenen Art in Kontakt treten und sich vermehren. Die Verständigung zur Brunftzeit stellt damit eigentlich eine Fortpflanzungsbarriere dar, mit deren Hilfe verhindert wird, daß sich einander fremde Spezien kreuzen. Der Aufbau derartiger Paarunggrenzen muß im Evolutionsprozeß als entscheidend wichtig angesehen werden, da sonst keine neuen Arten entstehen könnten.

Was das Gebaren der Tiere angeht, so ist zu unterscheiden zwischen ererbtem (im genetischen Code DNS verankertem) Ritus, mit dem jedes Junge geboren wird, und einem durch Üben erlernten Benimm-Codex. Daß angeborene Verhaltensweisen in der Natur vorhanden sind, wird klar, wenn wir an das Vogelei denken. Das Küken im Ei kennt seine Mutter nicht, weiß aber, dass es zu einem bestimmten Reifetermin die Eischale dort aufpicken muß, wo sich im Inneren eine Luftblase findet. Ererbtes Wissen! Meeresschildkröten legen ihre Eier in Küstensand ab und kehren danach ins Meer zurück. Zu einem bestimmten Zeitpunkt schlüpfen die Jungen und krabbeln raschestens und auf direktem Wege zum Wasser. Woher wissen sie, wo sie hin müssen und wie finden sie den Weg dorthin? Ererbte Weisheit! Das Problem, mit dem sich die Wissenschaft konfrontiert sieht, liegt in der Tatsache begraben, daß man zwar den menschlichen Gen-Code „geknackt" hat, die für ererbtes Verhalten zuständigen Teile der DNS aber bislang nicht entdeckt wurden, was vermutlich damit zusammenhängt, daß der viele tausend Seiten umfassende Computerausdruck in etwa so leicht les- und interpretierbar ist wie mesopotamische Keilschrift.

Man darf wohl davon ausgehen, daß auch von der Mutter oder in der Gruppe erlerntes Tun über viele Generationen hinweg zu irgend einem Zeitpunkt einmal in erblich vorfixiertes Handeln übernommen wird. In diesem Zusammenhang möchte ich eine eigene Beobachtung einbringen, die mir seit nunmehr 6 Jahren zu denken gibt. In meiner Heimat Farchant, im Werdenfelser Land, kann man seit 1998 zur Winterszeit, sobald Schneestürme oder starke Kälte einsetzen, einen großen Schwarm gelbschnäbeliger, rotfüßiger Alpendohlen, sicherlich zweihundert Vögel, im Ort beobachten, die dort sämtliche Futterhäuschen in Vorgärten und auf Balkonen leeren und in Dung- und Abfallhäufen herumpicken. Niemand im Dorf, auch alteingesessene Einheimische nicht, können sich ihr Erscheinen erklären, so etwas ist vorher auch nie beobachtet worden. In Nachbargemeinden habe ich Derartiges in 65 Lebensjahren nie zu Gesicht bekommen. Ich hege den Verdacht, daß hier eine lokale, in den Bergen der Umgebung heimische Population von Alpendohlen sich verbesserte Überlebenschancen bei schwierigem Wetter auf den Gipfeln durch zeitweiliges Ausweichen in Tallagen erschlossen hat. Diese Vögel sollen bis zu elf Jahre alt werden, und ich bin gespannt darauf, ob dieses neu erlernte Verhalten von Altvögeln erfolgreich auf die nächste Generation übertragen wird.

Im Winter 1997/98 fand sich im Garmisch-Partenkirchner Wintergatter ein besonders imposanter Prachthirsch vom 15. Kopf (16 Jahre alt), auf den Namen Seppl getauft, mit starken, sehr gut ausgeprägen Geweihstangen, Traumtrophäe jeden Jägers im Talkessel! Nach Öffnung des Gatters im Mai wurde er noch eine Zeitlang vom Berufsjäger in der Nähe gesichtet, aber trotz aller Bemühungen ihn zu erlegen, denn das Ende seiner natürlichen Lebensspanne stand in Kürze zu erwarten, gelang es keinem Jäger, seinen Einstand ausfindig zu machen oder ihn wenigstens in Anblick zu bekommen. Im Winter fand sich der Unsichtbare dann aber wieder an der Fütterung ein, nunmehr ein Hirsch von fast biblischem Alter. Im Frühjahr erkrankte er dann, sodaß der Berufsjäger schon befürchtete, man müsse ihn noch im Gatter erlegen. Überraschenderweise erholte er sich aber wieder und ward bis gegen Ende November nicht mehr gesehen, dann wurde er im Oberammergauer Revier erlegt. Seit einigen Jahren treibt sich während des Winters im Gatter ein anderer Hirsch herum, ebenfalls betagt, und da er dem Seppl wie ein Ei dem anderen gleicht, kann es sich nur um einen Sohn des Alten handeln. Seppl II. hat offensichtlich vom Vater die Eigenart ererbt, sich im Frühjahr in Gatternähe herumzutreiben, um dann bis in den Winter hinein auf Nimmerwiedersehen zu verschwinden. Von meinen

Übermütige Jugend (oben)
Die Milchbar ist geöffnet (unten)

Zwischen Mutter und Kind besteht eine sehr enge Beziehung

vergeblichen Bemühungen, einen alten und starken Spießer-Rehbock zu erlegen, ist schon berichtet worden; niemand hat ihn seither je wieder zu Gesicht bekommen. Man könnte fast meinen, wir hätten es in den geschilderten Fällen mit Wildtieren zu tun, denen es gelungen war, erlerntes Verhalten, nämlich sich allen jagdlichen Bemühungen erfolgreich zu entziehen, zunächst zu erwerben, dann sogar an Nachkommen weiterzugeben.

Mehr der Vollständigkeit halber sei hier ein weiteres Phänomen angesprochen, mit dem jeder, der einen Jagdlehrgang absolviert, konfrontiert wird: der Fernwechsel! Seit alters her haben Jäger, auch da, wo kein Rotwild heimisch ist, gelegentlich einzelne, meist jüngere Hirsche, aber auch Tiere ziehen sehen bzw. deren Trittsiegel vorgefunden. Und man sagt, sie benützten dazu nur dem Rotwild seit Äonen bekannte, sich über Hunderte von Kilometern hinziehende Pfade, selbst dann noch, wenn diese Wechsel in unserer Zeit vielfach durch Verbauungen unterbrochen sind. Dieses Wissen müßte danach in den Genen fixiert sein. Klar ist, daß Wildtiere wandern, um als Pioniere neue Lebensräume zu erschließen, z.B. weil die Population im heimischen Habitat zu dicht geworden ist und damit Nahrungsknappheit verursacht mit der Folge wachsender Aggression der Stärksten, sodaß jüngere und schwächere Exemplare vertrieben werden und sich auf die Walz begeben. So hat man selbst in Städten wie Aachen und Paris bei Aushubarbeiten fossile Knochen von Gemsen gefunden. Ob insbesondere Hirsche dabei von alters her festgelegte Routen, eben Fernwechsel benützen, steht dahin. Schlagende Beweise gibt es dafür heute nicht, könnten diese doch nur mittels markierter Exemplare, am besten mit Peilsendern, gewonnen werden. Um das zu überprüfen, müßte aber die Gesamtpopulation eines Reviers mit derartigen Geräten ausgestattet werden, da niemand sagen kann, wer sich auf Wanderschaft begibt. Die Problematik des Fernwechsels wird hier nicht grundlegend bestritten, vom Standpunkt des Genaustauschs wäre er wünschenswert, Zweifel sind jedoch angebracht, solange schlüssige Nachweise fehlen.

Insgesamt läßt sich nur konstatieren, daß der Wettlauf um Vorteile bei der Arterhaltung auch heute noch in vollem Gang ist und ebenso wenig wie bei Gräsern und grasfressenden Tieren je zu Gunsten einer Seite entschieden wird. Die Evolution hat Wildtiere jedenfalls mit spezifisch feinen Sinnen ausgestattet, die es ihnen ermöglichen, sich ein klares Bild ihrer Umwelt zu machen, und damit sind sie für das Bestehen in rauher Natur bestens gerüstet. Ihre Überlebensformel haben sie schon lange vor Beginn unserer Zeitrechnung gefunden und basteln täglich aufs Neue an Verbesserungen.

In einer Tiersendung des Schweizer Fernsehens wurde einmal der vortragende Zoologe und Verhaltensforscher abschließend befragt, worin denn der wesentlichste Unterschied zwischen Mensch und Tier bestünde. Nach kurzem Zögern kam dann eine verblüffende Antwort: „Ein Tier käme niemals auf die Idee, Menschen im Gatter zu studieren."

Flehmender Spießhirsch

Gamsrevier vom Feinsten im Werdenfelser Land (oben)
Diese Gedenktafel an König Maximilian II. aus dem Jahre 1862
findet sich auf dem Königstand (unten)

Büchs'n trog'n die Mannersleut',
Selt'n daß oaner an Punkt verfeit,
Ja wenn der Feind holt eina kam,
Den schiaß't ma glei wia die Gamsln z'samm.

aus „Das Loisachtal", altes Volkslied

Von Schwarzkopfjägern und Grünröcken

Graf Schweiker von Mindelberg aus dem Geschlecht der Welfen verkaufte anno 1249 seine Werdenfelser Ländereien mit allen Leibeigenen, Wäldern, Weiden, Bergen und Seen, den Jagdgründen und Fischwassern und der Burg gleichen Namens an den Fürstbischof von Freising. Dieser schloß den Besitz in der reichsunmittelbaren Grafschaft Werdenfels zusammen; verwaltet wurde sie von einem Pfleger, der die Burg auch bewohnte. 500 Jahre lang, bis zur Säkularisation im Jahre 1803, gehörte Werdenfels zu Freising. Es soll eine glückliche Zeit gewesen sein, in der Handel und Verkehr blühten. „Unter dem Krummstab ist gut leben", hieß es damals. Die Untertanen genossen Freiheiten, wie es sie unter weltlicher Herrschaft in jener Zeit kaum gab, sie waren befugt ihren Holzbedarf in den Wäldern zu decken (aus dieser Epoche stammen noch heute Holzrechte im Bergwald), und durften am Kramer sogar die Jagd auf „Gemsen, Hasen, Hühner, Bären, Schweine, Eichhörner, Eichelhäher, ausgenommen nur Rotwild und das rote Federwild" (vermutlich Fasane) ausüben. Überall sonst war das Jagen damals verboten und strenges Privileg des Adels. Der Klerus war sich durchaus bewußt, was er da erworben hatte, denn schon fünfhundert Jahre vorher (anno 770) schwärmte Arebo, Bischof in Freising, von dem herrlichen Land „die Wälder prachtvoll besetzt mit Hirschen, Elchen und Auerochsen, mit Gemsen, Steinböcken und Wildzeug aller Art".

Der erste beurkundete Jagdfrevel ereignete sich im Jahre 1580. Da herrschten in Bayern die Wittelsbacher, und der regierende Herzog Albrecht V. war ein leidenschaftlicher Bärenjäger. 1578 wurden im Graswangtal zwei Bären von Männern geschossen, die eigentlich die Grenze mit Tirol zu bewachen hatten. Herzog Albrecht forderte, den Schützen die „Püxen" umgehend abzunehmen und dem Abt von Ettal verordnete er absolute Jagdruhe im Eschenloher Moos, „damit die Bären zur Jagdlust des Fürsten bleiben möchten“, hatte er doch einmal „ohne Frucht von der Bärenjagd abziehen müssen“. Anno 1579 richtete ein „Schlagbär“ im Tal Schaden an, riß drei Ochsen und ebenso viele Rösser. Im Folgejahr sahen sich die Garmischer genötigt, 10 Gulden Prämie auf die Bestie auszusetzen, nachdem etliche Rinder und Rösser umkamen, ohne vorher beim Herzog um Freigabe des Braunen nachzusuchen. Am 15. Juli begann die Jagd, und einer der Beteiligten verletzte ihn mit der Püx an der Pranke, worauf sich das Raubtier über die Grenze nach Eschenlohe davon machte.

Auf dem Siemetsberg fallen ihm sieben Rinder und drei Ochsen zum Opfer, worauf der Pfleger seine Erlegung befahl. Ein Forstknecht traf den Schadbären mit dem ersten Schuß in den Kopf und tötete ihn mit dem zweiten endgültig. Den Kadaver verbrachte man nach Eschenlohe und stellte ihn dem Herzog zur Verfügung. Nun mußte der Pfleger gegenüber der Obrigkeit Rede und Antwort stehen, er tat das mit einem uns überlieferten Bittbrief, in dem er Leid und Schädigung der Bevölkerung darlegte. Zwischenzeitlich hatte aber Herzog Wilhelm V. Albrechts Nachfolge angetreten und brachte vermutlich für die Bärenhatz weit weniger Begeisterung auf als sein Vorgänger, so ist von Zwangsmaßnahmen nichts überliefert.

Mit der Enteignung der Kirchengüter 1803 wurde die ehemalige Grafschaft Werdenfels zu einem Bestandteil Bayerns, in dem zu dieser Zeit die Wittelsbacher regierten. Ein besonders großer Jäger vor dem Herrn war König Maximilian II. mit seiner besonderen Vorliebe für die Gamsjagd. Er ließ auf den südseitigen Kramerhängen einen Reitweg anlegen, damit er mit größerem Troß bequem zu seinem königlichen Jagdstand gelangte, wo ihm von Treibern das Wild zugetrieben wurde. So kam der Königstand zu seinem Namen, und eine Gedenktafel an Maximilian II. ist noch heute dort zu besichtigen. 1861 erlegte er den einhundertsten Gamsbock, und sein ständiger Begleiter, der Dichter und Maler Franz von Kobell, soll den König mit einem Lorbeerkranz und der Widmung „In ganz Europa herrscht kein Fürst, der soviel Böck wie Du gepirscht“ geehrt haben.

Als Schwarzkopfjäger bezeichnet man bei uns Wilderer, da sie sich, um unerkannt zu bleiben, das Gesicht mit Ruß oder Schuhcreme schwärzten.

Lüftlmalereien an Hauswänden als Ausdruck
enger Verbundenheit der Bevölkerung zu Wildtieren

Wilderei gab's vermutlich immer schon, und die Motive dafür sind erklärbar, meist Armut und Hunger einer kinderreichen Bevölkerung, die sich den Kauf von Fleisch einfach nicht leisten konnte. Wilderei wurde aber immer auch aus Jagdleidenschaft betrieben und wegen ihrer Illegalität als Mutprobe verstanden. Aufgabe einer der Obrigkeit dienenden Schar von Förstern und Jägern war der Jagdschutz und damit die Unterbindung der Wilderei. Auf frischer Tat Ertappte wurden abgeführt und der Frevel zur Anzeige gebracht. Die verhängten Strafen änderten sich dem Geist der Zeit folgend. Trafen im Wald zwei bewaffnete Männer aufeinander, von denen einer eine Haftstrafe fürchtete, der andere den Ruf ausstieß „Waffe weg, oder es kracht!", entstand für beide Seiten eine gefährliche Lage. Zahlreiche Jäger- und Wilderermorde sind überliefert. Hatte ein Jäger einen Wilderer erschossen, machte er sich dadurch die ganze Heimatgemeinde zum Feind, es kam zu Racheakten und es konnte eigentlich die unglückselige Begebenheit nur durch eine Versetzung des Försters bereinigt werden. Doch so ernst wollen wir's in den folgenden Zeilen nicht treiben, denn die Schwarzjagerei hat auch ihre menschlichen Züge, und es gab sehr verständnisvolles Forstpersonal, wie der reiche Fundus an einschlägigen Anektoten aus dem Buch „G'schichtlan vom Wildern" von J. Bader zeigt.

Im Jahre 1894 – die von München bis Murnau führende Bahnstrecke war soeben bis nach Garmisch weitergeführt worden und man suchte Personal. Der Thomas – leidenschaftlicher Wilddieb – bewarb sich und bekam den Posten eines Heizers auf der dampfbetriebenen Lokomotive zugewiesen. Natürlich hatte er auf Zugfahrten seinen Stutzen dabei! Einmal sah er auf einer Wiese einen Rehbock stehen und erlegte das Tier von der ratternden Dampflok aus. Die Beute ließ er aber vorerst liegen, denn hätte der Zug angehalten, wären die Passagiere aufmerksam geworden. Nach Stundenfrist fuhr die Lokomotive zurück, um einem Güterzug vorgespannt zu werden. Der Lokomotivführer brachte das Gefährt am Tatort zum Stehen, der Thomas sprang ab, tötete das noch nicht verschiedene Reh und versteckte es in der Kohlenlore. Danach nahm die Lok wieder Dampf auf. Irgend jemand hatte den Vorfall aber bemerkt und brachte die Sache zur Anzeige. Die drei Beteiligten, der Schütze, der Lokführer und ein zweiter Heizer wurden dem Richter vorgeführt und abgeurteilt. Im Volksmund hieß der Zug aus Murnau noch lange „Garmischer Schützenzug".

Der Jäger Franz Hohenrainer lieferte die Vorlage für Ludwig Ganghofers Roman „Der Jäger von Fall“. Er war ein urwüchsiges, starkes Mannsbild und brachte Notwilderer nicht gern ins Gefängnis, dafür aber teilte er kräftige Watsch'n aus. Nach einer Treibjagd saß er einmal mit seinen Kumpeln in Hohenschwangau im Biergarten und musterte den versonnen vor einem Glas Milch sitzenden Märchenkönig Ludwig II. Überliefert ist uns seine damals lautstark geäußerte Auffassung: „A Muich sauft er! Soll er a Maß Bier trinken, dann werd er'm scho anderscht“.

Vor dem Ersten Weltkrieg hatten die Partenkirchner Schwarzkopfjäger ihr Revier in den Wäldern rings um den Esterberg, damals herrschten ungeschriebene Reviergrenzen unter den Wildschützen der einzelnen Ortschaften und ein Schwarzer, der diese überschritt wurde abgestraft, nicht vom Jäger, sondern von seinen eigenen Mitverschworenen. Die Alm bewirtschaftete zu jener Zeit in den Sommermonaten der „Esterberger Toni“. Nach anstrengender Pirsch kehrten Grünröcke wie Wilderer gern bei ihm ein. Mit Letzteren hatte er, wohl gegen Beteiligung am Ertrag, eine Art Abkommen getroffen: Kam ein Jäger in Sicht, hängte seine Frau die roten Federbetten aus dem Fenster, was oft geschehen sein soll. Dieses weithin sichtbare Zeichen warnte jeden Schwarzkopferten, die Alm zu meiden und sich auf Umwegen davonzustehlen.

Der Alois war ein armer Mann, lebte abseits in einem Häuserl im hoch gelegenen Krün, wo außer Kartoffeln und Gras eigentlich nichts Rechtes gedeihen wollte. Von Beruf war er Schneider, und einmal war ihm die hohe Ehre zuteil geworden, für den Prinzregenten Luitpold eine Krachlederne fertigen zu dürfen. Eines Tages schoß er ein Alttier und war eben dabei, die Beute aufzubrechen, da ertappte ihn der Jäger auf frischer Tat. Letzterer war aber nicht minder arm dran als das Schneiderlein und schlug ganz unblutig folgende Buße vor: „Anzeigen dua i di net, aber a Hosn muascht ma machen und mitessen muascht mi lassn.“ Der Alois willigte nur allzu gern in den Handel ein.

Im Jahre 1914 begann der Erste Weltkrieg. Mit der Mobilmachung erfolgte die Einziehung vieler junger Männer, Förster, Jäger, Wilderer, jeder mußte ins Feld. In den Schützengräben von Verdun und anderswo erlebten sie in der Folge das Pandämonium eines erbarmungslosen Stellungskriegs nie gesehenen Ausmaßes. Reihenweise starben die Soldaten. In heimischen

Revieren hingegen herrschte derweil atemlose Stille, kein Schuß aus einer Wildererbüchse war mehr vernehmbar. So wurden die Kriegsjahre bis 1918 in den Wäldern zu einer Hegeperiode. Wahrscheinlich gab es nie zuvor mehr Wild in den Revieren als bei Einstellung der Kampfhandlungen. Als die Überlebendenden heimkehrten, fanden sie dort nur Entbehrung, Not und Hunger vor. Nahrung mußte beschafft werden, und so gingen die Schwarzkopfjager wieder auf Pirsch.

Anno 1916 war der Jakob Berwein Hirte auf dem Esterberg. Eines Tages ging für ihn völlig überraschend die Hüttentür auf und ein Jäger trat ein, mit dem er verwandschaftliche Beziehungen hatte. Natürlich roch der Jäger augenblicklich, welch verlockende Düfte aus dem Bratrohr aufstiegen und mithin, was zuvor in seinem Revier vorgefallen sein mußte. „Jackl, was gibt's denn heut?" fragte er den Esterberger. Der wußte ganz genau, daß Leugnen zwecklos war, und antwortete wahrheitsgemäß „an Hursch". Der Braten war gerade fertig gegart und duftete verführerisch, sodaß der Jäger der Versuchung nicht widerstehen konnte und lediglich seufzte: „Ja na iss i glei mit!"

Der Jäger Josef Höck ging einmal an einem Haus vorbei, roch sofort den Braten, betrat die Küche und blickte in neun hungrige Kinderaugenpaare. Nach kurzem Schweigen sagte er nur „Na laßt's enk den Hos guat schmeck'n" und empfahl sich. In beiden Fällen hatten die Köche die strikte Regel mißachtet, stets einen Humpen mit Milch neben dem Feuer zu halten. Bei Gefahr goß man den Inhalt auf die heiße Herdplatte und die verbrannte Milch überdeckte erfolgreich jeden verdächtigen Duft.

Nach dem Krieg setzten politische Wirren ein, in München konstituierte sich eine Räterepublik aus Kommunisten, Spartakisten und anderen Gruppierungen. Landauf, landab rissen Volks-, Soldaten-, Bürger- und Bauernräte die Macht an sich. Die zuvor herrschende Ordnung wandelte sich zum Hexensabbat. Das unterste wurde zu oberst gekehrt, auch in den Revieren. Die Bevölkerung mußte versorgt werden, und wo besser als in den Bergwäldern konnte man Eßbares finden. Die Volksräte ließen sich geeignete Männer vorschlagen, denen sie dann offizielle Jagdscheine als „Volksjäger" ausstellten. In der Regel waren sie alle vor dem Krieg die schlimmsten Schwarzkopfjager gewesen. Wer keinen Jagdschein erhalten hatte, wilderte auf eigene Rechnung offen weiter, denn Wildfrevel war in jenen Tagen faktisch straflos. Wie sollten die Leute auch einsehen, daß sie nicht zum „Gratschaugn" gehen durften, während ihre früheren Spezln einen Freibrief dafür erhielten. Der ehemals königlich bayerische Landesforst und die Jagdschutzorgane konnten eigentlich dem wilden Treiben nur tatenlos zuschauen und beschränkten sich darauf, darüber zu wachen, ob ihre neu gewonnenen Kollegen, die sie von früher ja nur zu gut kannten, auch tatsächlich alles ablieferten, was geschossen wurde. Der Sepp, einst Wilderer, jetzt offizieller Jäger, war auch gern bereit, die Beute seiner früheren Mitverschworenen legal zu Tal zu befördern. Oft wurde nach dem Motto verfahren: Drei Stück geschossen, eines davon für mich, zwei für's „Soziale".

Bei all der Wirrnis kam nicht nur das Wild unter die Räder und wurde schonungslos dezimiert, auch Rinder und Schafe auf den Almen verschonte man nicht. So trieben die Bauern noch im Sommer ihr Vieh zu Tal, nachdem von 700 aufgetriebenen 200 Stück gewildert worden waren.

Anfang Mai 1919 war's mit dem Spuk wieder vorbei, Freichorverbände befreiten die Landeshauptstadt München, auch ein Werdenfelser Schützenzug nahm an der Aktion teil, unter Beteiligung auch von Wilderern. Im Spätwinter 1919 ging es den „Volksjägern" an den Kragen, ihre Jagdscheine wurden eingezogen und für ungültig erklärt. Doch die Malaise der Wilderei war damit keineswegs vom Tisch, denn wie sollten die früheren Jagdschutzbevollmächtigten zur Durchsetzung von Recht und Ordnung hart durchgreifen. Schließlich mußten sie ja nach Schießereien im Bergwald drunten im Tal mit einer ihnen feindlich gesonnenen, durch schreckliche Kriegserlebnisse traumatisierten Bevölkerung leben. So stellte man schließlich kampferprobte Soldaten der Reichswehr für den Jagdschutz ab, sie würden letztendlich in ihre Heimat entlassen werden und verließen das Werdenfelser Land wieder.

Bei Kriegsende war eine aus Italien zurückkehrende Artillerieeinheit in Krün hängen geblieben. Eines Tages erstattete ein Landser dem Feldwebel Meldung, es seien 80 Gewehre gestohlen worden, wenige Tage darauf gingen 40 weitere nebst Munition verlustig. Das ist der eigentliche Grund, warum die Krüner so große Schwarzkopfjager waren; sie verfügten über erstklassige Waffen.

Eines Tages wurden mehrere Garmischer Schwarzschützen bei der Rotmoosalm zwischen Frieder und Kramer von zum Jagdschutz abgestellten Reichswehrlern gestellt. Etliche der Wilddiebe konnten sich in die Büsche schlagen, dem Kramara Sepp gelang es nur, sich unter einer kleinen Stegbrücke zu verstecken, und da fanden ihn die Soldaten. Der Sepp kroch aus seinem Unterschlupf hervor, hielt eine Handgranate hoch und machte damit deutlich, wo die Reise hinging. Nach vier Jahren überlebten Krieges hatten die Reichswehrler keinerlei Ambitionen, in der Heimat und im Frieden ihr Leben zu lassen, und räumten einfach das Feld.

Die Maria Mangold aus Wengwies war 1929 bereits über siebzig, als sie mit ihrem Filius Michael zum Schilfmähen unterwegs war. Der Sohnemann hatte seine Waffe dabei, und als er einen Rehbock erspähte, schoß er. Nun war der laute Knall in offenem Gelände weithin hörbar und der zuständige Jäger ging der Sache auf den Grund. Sohn Michael bemerkte den Herannahenden gerade noch rechtzeitig und versteckte das Böckl unter dem weiten Rock der Mutter. Die setzte sich auf die Beute, streute ringsum Pfeffer aus und nagte an ihrem Brot. Als der Jäger sie nach dem verdächtigen Schuß fragte, erhielt er zur Antwort, sie habe das Krachen wohl gehört, allerdings aus einer anderen Richtung. So leicht konnte man aber weder Jäger noch dessen Hund beeindrucken, der Hund erschnüffelte die Beute trotz scharfer Pfefferdüfte, worauf die Alte schrie: Du Sauviech! Möchts't auch noch am alten Weib die Brotzeit wegfressen! Darauf nahm der Jäger seinen Hund zurück und ließ die Alte in Ruhe.

Ende der zwanziger Jahre war es, als der Obergrainauer Jackl im Wald unter der Zugspitze zum „Gratschaugn“ ging. Er hockte sich mit seinem Stutzen beim ersten Morgenlicht an einen Wildwechsel. Plötzlich hörte er Schritte auf sich zukommen, das konnte nur der Jäger sein! Nun hätte er sich ja einfach in die Büsche schlagen können, doch das war nicht seine Art. Kaum wurde der Herannahende sichbar, legte der Jackl an und setzte ihm einen Schuß vor die Stiefel. Der Beschossene wußte sofort, was die Stunde geschlagen hatte, und flüchtete. Der Jackl aber durfte nun nicht mehr mit Beute rechnen, trat auf Umwegen den Rückzug an. Bei einem alten Schulfreund und Wildschützenkamerad kehrte er unterwegs ein und berichtete von dem Abenteuer. „Du Depp! Des war doch I“ schrie ihn darauf der andere wütend an.

Der Franz verbrachte sein ganzes Leben auf der Pfeifferalm. Vor Jahren kehrte ich mit meiner Frau dort zur Brotzeit ein, und da wir kurz vor der Jägerprüfung standen, interessierten uns die zahlreichen an der Wand prangernden Hirschtrophäen, alle mit kurzem Schädel, daher älteren Datums. Der Franzl kam zu uns, guckte auf die Geweihe, dann auf uns und sagte „und alles gwuidert!" Wir haben dann auch erfahren, wie das vor sich gegangen war. Mit dem damaligen Revierjäger war nicht zu spaßen, wenn der Schußlärm hörte, war in der Regel eine Hausdurchsuchung fällig; also mußte das Ganze leise vonstatten gehen. An der mit Heu gefüllten Scheune schob er das breite Tor bis auf einen schmalen Einlaß, der durch eine Falltüre gesichert war, zu. Im Inneren standen beidseitig der Falltür Fuhrwagen. Zog nun in den schneereichen Wintern das Rotwild auf Futtersuche aus den Bergen herab und in Almnähe, witterte es Heu in der Tenne, trat über eine kippelige Holzplanke ein und löste damit die Fallmechanik der Türe aus. Hinterher kam der Franz mit seinem Hirschfänger.

Das Jahr 1933 kam und damit der Nationalsozialismus. Reichsjägermeister Hermann Göhring fertigte sein Reichsjagdgesetz, das eine brauchbare Basis für die Bewirtschaftung von Wildtieren darstellte. Recht und Gesetz zogen wieder in den Bergwald ein, Schwarzgehen wurde entsprechend bestraft und ging zurück, nicht zuletzt auch, weil die Leute nach und nach in Arbeit und Brot gebracht werden konnten. Leidenschaftliche Wilderer gingen trotzdem um, schließlich war ja die Ausrüstung in Form von Repetierer nebst Zielfernrohr und Schalldämpfer verbessert worden. Daß dem so war, ist einem Präzisionsarbeiter aus Farchant zu verdanken, hatte er doch unter anderem einen Schalldämpfer selbst entwickelt. Vor Kriegsausbruch arbeitete er in Grainau bei der Zugspitzbahn. Ließ sich in der Nähe ein Reh blicken, schaltete er eine Maschine an und erlegte die Beute und rief dem Lehrbuben zu „Sepp, jetzt koascht d'Maschie wieder ausschalten!"

Mit Ausbruch des Zweiten Weltkriegs rückte wieder alles an die Front und die Kriegsjahre führten zu einer erneuten Regeneration der durch den Aderlaß früherer Jahre stark gebeutelten Wildbestände. Mit dem Zusammenbruch 1945 kamen die Amerikaner als Besatzungsmacht zu uns. Zunächst wurde die Bevölkerung entwaffnet, alle, selbst Förster und Jäger, mußten ihre Waffen abliefern, die unmittelbar unbrauchbar gemacht wurden. Bei illegalem Waffenbesitz drohte die Todesstrafe und das Jagdrecht übten fortan ausschließlich die Amerikaner aus. Ein hoher amerikanischer General, selbst Jäger, ließ sich auf Pirschgängen in Werdenfels gern von dem bekannten Olympiasieger und Weltmeister im Bobfahren, Anderl Ostler, führen. Die beiden verstanden sich so gut, daß dem Anderl per Generalsorder eine unbeschränkte Jagdvollmacht erteilt wurde. Und das zu einer Zeit, in der Grünröcke und Berufsjäger mal soeben daran denken durften, ihre zuvor zerstörten Büchsen durch neue zu ersetzen.

Nachdem ich die Jägerprüfung erfolgreich bestanden hatte und mir der Jagdschein ausgestellt worden war, rief ich den Leiter des Forstamts Garmisch-Partenkirchen an und trug ihm mein Anliegen vor: Auf einen guten Gamsbock wollte ich geführt werden, im nächsten Jahr einen Rehbock erlegen und so weiter und so fort. Der hohe Beamte wollte aber zunächst von solchen Plänen nichts wissen, doch ich argumentierte hartnäckig weiter, das Gespräch zog sich in die Länge, bis er sich schließlich geschlagen gab. Eine Begründung für seinen positiven Entscheid erhielt ich auch: „Bei Ihnen muß man ja befürchten, daß Sie andernfalls zum Wildern ausrücken"

„Ja, hab' I damals g'sagt, des kunt fei scho sei!"

In fast allen Religionen wurden höchste Götter mit Tierattributen bedacht. Babylon versetzte gar Göttertiere als Sternzeichen in den Himmel, den Bären als Urs major und Urs minor gleich zwei mal. Heutige Götter, Aktien-, Waren-, Finanz- und Währungsbörsen, werden symbolhaft beherrscht von Bullen, sie stehen für Aufbruch, Emporstreben und Erfolg, während Bären Verluste, Pech, Fiasko und Mißerfolg repräsentieren.

Bärenstark

Zentraler in Europa könnte es kaum liegen, Städte wie Paris, Prag, Warschau und Rom sind in Luftlinie gemessen etwa gleich weit entfernt, Madrid liegt so weit abseits, wie Istanbul, Athen und Oslo. Gemeint ist das „Werdenfelser Landl", heute ein Teil Oberbayerns. Wer den Namen hört, denkt unwillkürlich an Zugspitzbahn und Schuhplattler, an das von Kini Ludwig II. erbaute Schloß Linderhof und Zittermusik, an Oberammergau und Edelweiß, an Garmisch-Partenkirchen und Weißwurst mit süßem Senf, an Lüftlmaler und auf Trachtenhüten wachelnde Gamsbärte, an zu martialischer Blasmusik marschierende Schützenvereine vor grandioser Bergkulisse, an Mittenwalder Geigenbau und Bergenzian. Einheimische wissen's längst, die anderen müssen es erst noch lernen: Schöner kann's eigentlich nirgendwo sein!

Diese beschauliche Idylle wurde in der Nacht vom 19. auf den 20. Mai 2006 unvermittelt und plötzlich überrollt von einen Elementarereignis, nicht unähnlich einem schweren Erdbeben oder einer turmhohen Tsunamiwelle. Die Heimsuchung trägt die Bezeichnung „JJ1"und beendete eine 150 Jahre andauernde bärenlose Zeit in Werdenfels. Eigentlich hätten wir alle auf die Sensation vorbereitet sein sollen, denn Petz JJ1, so benannt nach den Anfangsbuchstaben seiner potentiellen italienischen Eltern „Jurka" und „Jose", war ja auf seiner Wanderroute über Schweizer und Tiroler Territorium mehrfach durch raudihaftes Benehmen aufgefallen, hatte in Österreich eine Futterstelle ausgeräumt, zwei Schafe und in der Folgenacht einen wertvollen Zuchtwidder gerissen sowie weiter nördlich einen Bienenstock geplündert. Beate Striebel vom World Wildlife Fund (WWF) Österreich kommentierte das so: „Das sind seine Rabaukenjahre!" Anhand einer sichergestellten Haarprobe gelang es den Experten rasch, seine Anonymität aufzuheben und per DNS-Test die Identität des Tieres eindeutig festzustellen, zur besseren Überwachung seiner Streifzüge wollten ihn die Bärenfachleute des WWF mit einer amerikanischen Röhrenfalle einfangen, anschließend mit einem GPS-Sender ausstatten und dann wieder auswildern. Käme er Ortschaften aufdringlich nahe, könnte eine Einsatztruppe ihn mit Schreckschüssen, Gummikugeln oder Knallkörpern von dort vergrämen. „Man muß ihm die Furcht vor Menschen wieder beibringen“, erklärte Frau Striebel, die seit Jahren bei einem Bärenprojekt in Österreich arbeitet. Die Bestückung des einsamen Teddys mit einem Sender ließ sich jedoch in Tirol nicht verwirklichen, denn dazu hätte man das Tier ja zunächst einmal fangen müssen. Man mochte fast glauben, der Bär hätte von den ungastlichen Tirolern die Nase gestrichen voll gehabt und sich ins „König-Ludwig-Land“ davongetrollt.

In Bayern hatten wir ihn schon erwartet und quasi den roten Teppich ausgerollt. Umweltminister Werner Schappauf hieß ihn – Tribut an den Zeitgeist – „Herzlich willkommen!“ und sprach von einem positiven Signal für das Ökosystem Alpenraum. Der Gesamteiter des europäischen Wiederansiedelungsprojekts für Braunbären wurde von einer Tageszeitung mit den Worten zitiert „Vor diesem kleinen Scheißer brauche wirklich niemand Angst zu haben!“, was ihm Ärger bei Kollegen und beteiligten Studenten einbrachte.

Ganz so positiv ging's dann aber nicht aus: Am 20. Mai 2006 riß Petz drei Schafe im Graswangtal Nähe Oberammergau, in der Folgenacht auf den Farchanter Reschbergwiesen vier Lämmer, brach am 22. 5. im Ortskern Grainaus einen Hühnerstall auf und tötete etliches an Federvieh. Der Besitzer darf sich glücklich schätzen, dank tiefen Schlafs von dem Radau nichts mitbekommen zu haben, hätte er den Stall betreten, um nach dem Rechten zu sehen, wäre das für ihn zur tödlichen Bedrohung geworden. Auch sechs Schafe kamen in dieser Nacht dort zur Strecke. Tags darauf flüchteten Fußball spielende Grainauer Kinder ins Schulhaus, weil der Bär ihnen dabei zuschaute. Die Angst ging plötzlich um in Werdenfels, flugs steckten die Garmischer ihre Schafherden vorerst mal in das durch hohen Zaun gesicherte Rotwild-Wintergatter, während die Mittenwalder eine Heimsuchung befürchteten.

Die Münchner Landesregierung handelte rasch und unbürokratisch, sie gab nach Anhörung von Wildbiologen und Bärenkennern der Universität

Freiburg den Teddy zum Abschuß frei, nachdem alle hinzugezogenen Fachleute diese Maßnahme zuvor einstimmig befürwortet hatten. Unvermittelt sah sich der angeblich harmlose Flegel damit zum Problem-, Gefahren- und Schadbär degradiert. Die Tiroler folgten tags darauf mit einem ähnlichen Beschluß; konnten die ja gut machen, sie hatten ja keinen Petz.

Der schwarze Peter war damit erst mal vom Tisch der Landesregierung und der bayerischen Jägerschaft zugeschoben. Deren Begeisterung hielt sich aber deutlich in Grenzen. Jagdpräsident Jürgen Focke: „Wir wollen unter keinen Umständen negative Schlagzeilen!“ Daran hatten wir nämlich schon zu kauen, nachdem eine Zeitung berichtete, Bayerns Jäger verhielten sich auf der Fuchsjagd wie durch den Wald stampfende Massenmörder, die Baby-Füchse wie Robben erschlügen und deren Hunde die Tiere zerfleischten. Der Vorsitzende der Jägerkreisgruppe Garmisch merkte trocken an: „Wenn ich den Bär sehe, dann habe ich ihn nicht gesehen.“

Der „Schießbefehl“ des bayerischen Umweltministers löste unmittelbar heftige mediale Beben aus. Axel Döring, Kreisvorsitzender Bund Naturschutz Garmisch-Partenkirchen meinte „Außer Rand und Band ist nicht der Bär, sondern der sogenannte Umweltminister. Er blamiert uns Deutsche in ganz Europa bis auf die Knochen.“ Ein anderer Funktionär der gleichen Organisation tönte aus dem oberen Isartal „das ist genau die Konsequenz unseres Polizeitaats.“ Wildbiologen, Experten, Professoren gaben kundigen Rat, selbst der Vogelschutzbund sah sich zu einer Stellungnahme veranlaßt. Als Folge stand die gesamtdeutsche Seele in hellen Flammen und konnten sich Zeitungsverlage und die Landesregierung vor empörten Leserzuschriften kaum retten. Selbst schwerste Drohungen wurde zu Papier gebracht. Uns Jäger wiederum hat es ganz besondere Freude bereitet, als man uns darüber belehrte, wir dürften nur großkalibrige Waffen und Munition einsetzen, hätte wir das doch sonst tatsächlich übersehen!

Derweilen war ein ganzer Troß von Fachleuten mit der amerikanischen Röhren-Lebendfalle dem Bär auf der Spur, suchte Losung, fand Haarproben und fertigte Gipsabdrücke von Trittsiegeln. Aus den Zeitungsabbildungen Letzterer konnte auch der Laie unschwer erkennen, daß Größe und Lebendgewicht des Räubers deutlich über den Angaben der Beteiligten liegen mußte. So war's dann auch! Mehrere Gehege, die den eingefangenen

Petz aufnehmen sollten, standen in Rede. Allein der undankbare Kerl entzog sich konsequent allen liebevollen Bemühungen und entschwand über die Grenze nach Kufstein, richtete dort weitere Unbill an. Und das ganze Team der sogenannten Experten reiste geschlossen hinterher. Trügerische Ruhe war wieder eingekehrt in Werdenfels, die Furcht aber war geblieben, was sich an der deutlich geringeren Zahl von Wanderern und Moutainbikern im Bergwald gut ablesen ließ.

Die Beteiligten aus Politik und Naturschutz waren im Grunde ihres Herzens wohl alle dankbar, daß die Gefahr einfach über die Grenze nach Tirol entschwunden war. Unsere Hotellerie durfte mit der Entwicklung nicht ganz so zufrieden sein, hatte man doch schon mit günstigen „Bären-Pauschalen“ um Touristen geworben, und wie sollte ein Obergrainauer Metzger, er hatte zu Vorbestellungen von Bärenfleisch aufgerufen, diese nun einlösen? Nachdem der putzige Teddy aber ärgerlicherweise seine Beutezüge wieder auf Werdenfels konzentrierte, beschloß die Landesregierung, aus Finnland ein Bärenjägerteam mit Hunden einfliegen zu lassen, es sollte Bruno, wie ihn die Österreicher inzwischen liebevoll getauft hatten, aufspüren und ihn mit einem Betäubungsgewehr narkotisieren. In der Tat kamen die sichtlauten Hunde mehrfach dem Bären so nahe, daß sie anschlugen. Doch nahe genug für einen Betäubungsschuß kamen die Männer nicht und reisten nach 14 Tagen unverrichteter Dinge wieder ab. Rund 100.000 Euro soll ihr Einsatz gekostet haben, Bruno raubte mittlerweile im bayerisch-österreichischen Grenzgebiet munter weiter.

Vielleicht hätten sich die erfolglosen Häscher die Worte aus dem Münchner Erzbischöflichen Ordinariat zu Herzen nehmen und öfters mal ein Gebet sprechen sollen. Von dort wurde nämlich an die Korbinianslegende erinnert: Im 8. Jahrhundert reiste der heilige Korbinian mit seinen Gefährten nach Rom. Während einer Rast, die Wachen waren eingeschlafen, trabte ein Bär aus dem Wald hervor, riß das Saumpferd des Gottesmannes und fing an zu fressen. Bischof Korbinian reagierte zunächst mit Geduld, habe dann aber einem Knecht befohlen: „Prügle in wacker durch und züchtige ihn für seine Missetat, mit der er uns Schaden zugefügt hat.“ Der Legende zufolge ereignete sich daraufhin Wunderbares: Der Bär ließ sich satteln, nahm das Gepäck Korbinians auf den Rücken und brachte es wie ein zahmes Pferd nach Rom. Dort habe ihn der Gottesmann entlassen.

Seither findet sich das in seiner Wildheit gezähmte bayerische Waldtier als dienstbarer Lastträger in den Darstellungen des heiligen Korbinian und fand so Eingang in das Wappen der Stadt Freising und der Bischöfe von München und Freising.

Exakt 38 Tage nach Brunos Grenzübertritt und 31 gerissener Schafe später war es plötzlich vorbei mit der gewünschten Bereicherung der Wildbahn und das Bayerische Umweltministerium teilte kurz und kryptisch mit, der Bär sein von jagdkundigen Personen erlegt.

Bis zuletzt wurde die Frage heftig diskutiert, warum Bruno so große Strecken wanderte. Es wurde die Vermutung geäußert, er suche eine Gefährtin. Das zumindest war nicht der Fall, denn die finnischen Jäger hatten literweise entsprechender Duftstoffe dabei, auf die Bruno nicht ansprach. Wahrscheinlich muß man die Antwort ganz woanders suchen. Ein Bär braucht ein größeres ruhiges Rückzugsgebiet. Das findet er aber bei uns nicht. Die Landschaft ist bis in die Gipfelbereiche zerschnitten von Forststraßen, Wanderwegen und Bergsteigen. Bergbahnen mit Gipfelrestaurants, Skihütten und Almwirtschaften sind überall bereit, um Kletterer, Wanderer, Mountainbiker und Touristen in großer Zahl zu bedienen. Forstarbeiter sind täglich irgendwo im Bergwald zu Gang. Ein Bär kann da eigentlich nirgendwo laufen, ohne ständig auf Menschen bzw. deren Witterung zu stoßen. Bruno, ein Dr. Kimble auf permanenter Flucht?

Eines muß ich ehrlich gestehen, ich bin kein Bärenexperte. Meine Erfahrung mit diesem Tier erschöpft sich in einem dreiwöchigen Aufenthalt in British Columbia, wo ich mit meiner Frau für mehrere Verlage eine größere Diaserie an Unterwasserfotos über den Laichaufstieg der verschiedenen Pazifiklachsarten in die Quellgebiete der Flüsse durchführte. Nach Ankunft in Vancouver fuhr uns der Leiter einer großen Zuchtanlage in seinem Landrover flußauf in die Einöde. An einer günstigen Stelle hieß er uns vorerst im Auto zu warten mit der Begründung: „There is a nasty bear around!" Aussteigen durften wir erst, nachdem er mit gespanntem Repetierer weitläufig das Terrain sondiert hatte. Dieser Mann hat uns bei der Arbeit tatkräftig unterstützt, telefonierte täglich über Funk im Land herum, wo gerade viele Lachse zögen, und gab die Information an uns weiter. Wir packten Verpflegung in unser Campmobil und brachen in die Einsamkeit auf.

Wo Lachse ziehen, da sind Bären nie fern, und so konnte es nicht ausbleiben, daß wir ständig auf ihre Spuren stießen, und mehrmals brummelte uns ein Brauner aus nächster Nähe an, wenn wir durch dichtes Ufergebüsch krochen. Als angenehm habe ich diese Begegnungen nie empfunden. Einmal ließ ich mich mit Taucherbrille, Schnorchel, Neopreneanzug und zwei Unterwasserkameras bepackt in der glasklaren Strömung des Conuma-River treiben und fotografierte Coho-Lachse. Als die Filme verschossen waren, richtete ich mich in hüfttiefem Wasser auf und erblickte nicht weit weg einen Klotz von einem Braunbären, dessen Interesse ich offenkundig geweckt hatte. Meine Edith stand in einiger Entfernung am Ufer, veranstaltete einen Riesenradau, warf mit Steinen und vertrieb ihn damit tatsächlich. Hinterher war sie allerdings einem Nervenzusammenbruch ziemlich nahe!

Grundsätzlich darf ich sagen, daß ich Wildtieren in den meisten Fällen ansehe, ob sie in friedlicher oder aggressiver Stimmungslage sind, beim Bären vermag ich das jedoch nicht. Woher sollte ich auch? Daß man das doch kann, wenn man's gelernt hat, beweist der deutsche Naturfilmer Andreas Kieling mit 12jähriger Alaskaerfahrung in seinem einzigartigen Fernsehstreifen über die großen Grizzlies „Der Bärenmann", in welchem er sogar seinen zehnjährigen Sohn dicht an Bären herantreten ließ. Aber selbst Kieling geht nie unbewaffnet in die Wildnis. Die Kanadier können das auch, sind sie doch mit diesen Tieren aufgewachsen.

Manch wohlmeinenden Rat hat man uns in Kanada gegeben: Niemals weglaufen, da das Beutefangreflexe auslöst. Zudem läuft ein Braunbär im Spurt schneller als ein galoppierendes Pferd. Im Wald laut reden und rufen, damit ein Bär gewarnt wird und stiften gehen kann. Bewährt habe sich auch, leere Konservendosen mit Steinen zu füllen und an einer Kordel hinterherzuziehen. Wer Wildtiere beobachten will, kann so etwas aber nicht machen. Ganz besonders hat man uns immer wieder darauf hingewiesen, unbedingt Muttertiere mit Jungen zu meiden, sie gelten als besonders unberechenbar und gefährlich. Und wenn aber alles nichts nützt und der Bär kommt, solle man sich flach auf den Bauch legen, Gesicht nach unten, die Hände hinter dem Kopf verschränkt, und sich nicht regen. Den Europäer möchte ich sehen, der über das dazu notwendige Nervenkostüm verfügt. Ich sicher nicht! In Kanada kennt man den Begriff des „maneater"

(Menschenfresser), und ich hörte, daß ein Bär, der einmal einen Menschen angefallen hat, dies immer wieder tun wird und daher umgehend erlegt werden muß. Zumindest mir ist kein Kanadier begegnet, der an einer solchen Maßnahme Anstoß genommen hätte.

Ein Blick ins Biologiebuch lehrt, daß Bären zur Ordnung der Raubtiere gehören und Allesfresser sind. Ein an den Reschbergwiesen gerissenes Schaf wies einen mehrfach gebrochenen Schädel auf, Zeugnis des schraubstockkräftigen Bärengebisses, ein Hund brächte die dazu nötige Kraft niemals auf. In Grainau wurde Schafen per Prankenhieb das Rückgrat gebrochen, auch das nicht gerade Zeichen eines verspielten Teddys. Es wird wohl niemand ernsthaft behaupten wollen, daß dieser Bär nur aus Hunger zuschlug, denn dann hätte er jeweils nur ein Einzeltier gerissen und wahrscheinlich mitgenommen. Dieser Bär hat aber allein in Werdenfels zahllose Schafe getötet und jeweils nur Teile der Innereien gefressen.

Deutsche Bärenfachleute haben erklärt, Bruno müsse wieder Angst vor Menschen eingebläut werden. Von einer schnellen Eingreiftruppe war die Rede, die unmittelbar vor Ort erscheint, wenn ein Bär die von Menschen gesetzten Grenzen überschreitet. Das mag ja in Einzelfällen gelingen, aber wer übernimmt die Verantwortung, daß keine Menschen zu Schaden kommen? Dieses Raubtier handelt nach dem ihm arteigenen Kodex, einem Mix aus angeborenen und in der Jugend von der eigenen Mutter erlernten Verhaltensweisen, auf das Experten später keinen nennenswerten Einfluß mehr nehmen werden. Nicht der Bär muß lernen mit Menschen zu leben, vielmehr bedarf der Mensch – sofern er denn unbedingt seinen Lebensraum mit diesem Raubtier teilen will – eingehender Schulung und Aufklärung über Risiken. Spezialisten haben uns auch gesagt, ein striktes Bärenmanagement werde erforderlich. Was darunter zu verstehen ist, habe zumindest ich nicht begriffen, ich sah nur ein Hinterhereilen der Teams von Riß zu Riß mit anschließender Schadensaufnahme.

Als Steuerzahler erlaube ich mir auch, die Frage nach den dabei anfallenden Kosten zu stellen, und befürchte, auch darauf keine schlüssige Antwort zu erhalten. Dies um so weniger, nachdem die öffentliche Anteilnahme nach Brunos Tod doch rasch wieder abflaute. Solange solche Fragen nicht geklärt sind, haben die zu Rate gezogenen Fachleute mit ihrer Befürwortung des Abschusses korrekt gehandelt und die vom bayerischen Umweltminister umgehend erteilte Genehmigung war weise und verantwortungsvoll. Im Falle eines Unglücks hätte er nämlich seinen Hut nehmen müssen. Und das zu Recht. Nicht vergessen werden sollte auch, wie froh und glücklich unsere Vorfahren einst waren, als die landesweite Bärenplage endlich beseitigt war. Bär Bruno war eigentlich nicht Täter, sondern wurde zum Opfer einer falsch verstandenen Wiederansiedelungspolitik. Mehrere Zoodirektoren, denen man Bruno lebend anbieten wollte, winkten mit der Begründung ab, das in Freiheit aufgewachsene Raubtier könne an die Enge eines Gatters nicht mehr umgewöhnt werden, zumindest nicht, ohne dabei schwere Verhaltensstörungen zu erleiden. Ich sehe daher in dem Abschuß viel eher einen Akt der Gnade an einer armen Kreatur und praktizierten Tierschutz.

„Jagdfieber ist eine Erregung, die das Blut zum Singen bringt, die die Sinne schärft und die es gestattet, sich in Emotionen zu verlieren, so alt wie der Paarungstrieb. Je edler und stattlicher die Beute, umso stärker die Zwanghaftigkeit zu jagen und zu töten. Es liegt darin keine bewußte Grausamkeit, vielmehr ein Ausdruck von Liebe: einer erbarmungslosen, besitzergreifenden und verzehrenden Liebe, zu deren Erfüllung es des vollständigen und unwiderruflichen Akts des Todes bedarf. Durch die Zerstörung erringt der Jäger die Beute für immer. Selbstsüchtig vielleicht, aber Instinkte kennen keine Ethik."

Wilbur Smith in „When the lion feeds"

Eine Lanze für die Jagd

Lautlos geht der in Grün gekleidete Jäger auf dem von ihm im Frühjahr ausgeschnittenen und von Vorjahreslaub freigemachten Pirschweg dem am Waldrand gelegenen Hochsitz zu, klettert die Leiter empor und richtet sich bequem auf dem Bänkchen ein. Das Gewehr, schon nach Verlassen des PKWs geladen und gesichert, wird neben der Bank abgestellt, der mitgebrachte Lodenmantel als spätere Gewehrunterlage auf der Brüstung abgelegt, ebenso das starke Nachtglas. Damit beginnt ein mehrstündiger Abendansitz. Kurz nach neun Uhr, bei schnell zunehmender Dämmerung, erscheint eine Geiß mit ihrem Kitz am Waldsaum, sichert kurz und tritt dann auf die Kleewiesen zur Äsung aus. Wenig später zeigt sich stolz ein alter Rehbock auf der Bildfläche und beginnt ebenfalls zu äsen. Der Jäger kennt diesen Bock seit langem, hat seine Entwicklung über Jahre hinweg beobachtet, ihn immer wieder geschont, weil er zu der Überzeugung gekommen war, daß es sich hier um ein Wildtier mit guter Veranlagung handelte, dessen Erbanlagen an nachfolgende Generationen weitergegeben werden sollten.

Doch heute ist der Tag der Ernte da, denn der Bock hat den Höhepunkt seines Lebens überschritten, zeigt bereits deutliche Anzeichen von Zurücksetzen, und der Jäger ist nach reiflichem Überlegen zu der Ansicht gelangt, es sei an der Zeit, den Bock nun zu töten, das Wildbret zu verwerten und eine gute Trophäe zu erringen. Die Unwägbarkeit, ob das Tier die nächste Notzeit eines langen und harten Bergwinters überhaupt noch zu überleben vermöchte, ist mit dieser Entscheidung beseitigt. Es geschieht das für viele Nichtjäger und Jagdgegner Unvorstellbare und Unfassbare: Der Jäger schießt – der Bock ist tot!

Die Zahl derjenigen Menschen, die in der Jagd insgeheim etwas Verwerfliches sehen, ist vermutlich heute größer als jemals zuvor. Der Chor der Stimmen, die Jäger als „Bambi-Mörder" verurteilten, schwoll im letzten Jahrzehnt gewaltig an, also darf sich wohl niemand wundern, wenn der Jagdbetrieb nun sozusagen „unter Ausschluß der Öffentlichkeit" stattfindet.

Versuchen wir im Folgenden eine nüchterne Analyse der Situation: An den Anfang gestellt sei ein vereinfachtes Populationsmodell. Wir nehmen an, wir hätten ein Stück Wald, in dem keinerlei jagdliche Betätigung stattfindet. Unser Modellwald wird von zehn Rehen mit einem Geschlechterverhältnis von 1 zu 1 (5 Geißen und 5 Böcke) bewohnt. Jede Geiß setzt jährlich zwischen ein und zwei Junge, doch nicht jedes Kitz überlebt das erste Jahr, und hin und wieder stirbt eine Ricke oder ein Bock den natürlichen Alterstod. In unserem vereinfachten Modell gibt es aber keine Ausfälle durch Tod, zum Ausgleich soll jede Geiß nur ein Kitz führen.

Nach Jahresfrist sind – bei unterstelltem gleichbleibendem Geschlechterverhältnis – aus 10 Tieren 15 geworden. Wiederum ein Jahr später wären es bereits 21, dann 32 und im fünften Jahr bereits 45 Rehe, eine durchschnittliche jährliche Zunahme von 70 %. Was würde mit dieser Population geschehen? Ruhige Einstandsplätze für die eigenbrötlerischen Tiere wären zunehmend knapp, das Nahrungsangebot je Reh müßte abnehmen, der soziale Streß enorm anwachsen, weil die Reviere von Jahr zu Jahr kleiner gerieten und die Tiere sich ständig begegneten. Wollte man eine ähnliche Zuwachsrechnung z.B. für Schwarzwild aufstellen, so käme man zu weit gravierenderen Ergebnissen, denn eine Bache zieht zweimal jährlich bis zu acht Nachkommen auf. In den USA hatte man zum Beispiel in einem Versuchsrevier sechs Weißwedelhirsche (2 Hirsche und 4 weibliche Tiere) ausgesetzt. Innerhalb von sechs Jahren wuchs deren Zahl auf 220 Stück Wild an.

Wie sich Tierpopulationen entwickeln, hat die Wissenschaft schon vor Jahrzehnten im Experiment untersucht. Versuchsobjekte waren zunächst Ratten und Mäuse, die in einem begrenzten Testgebiet angesiedelt und ernährt wurden. Anfangs entwickelten sich die Neulinge gut, vermehrten sich eifrig und nahmen den verfügbaren Lebensraum in Besitz. Ernährte man die ständig zunehmende Kolonie weiterhin ausreichend, dann potenzierte sich die Nachkommenschaft, Übervölkerung trat ein, die Einzelindividuen wurden zunehmend aggressiver gegenüber Artgenossen wegen der Streßbelastung, später setzte Apathie ein, die meisten Tiere erkrankten, viele starben, und die ganze Gruppe brach zusammen.

Derartige „sterile" Laborexperimente sind nicht auf die Natur übertragbar, denn hier gibt es ein Regulativ, das Übervölkerung Grenzen setzt: Das Nahrungsangebot! Es begrenzt die Zahl der ernährbaren Tiere sehr wirksam. Studien über die Populationsdynamik beim Wild liegen von einigen Inseln vor der Küste Schottlands vor, auf denen man vor der Jahrhundertwende Hirsche auswilderte und sich dann über Jahrzehnte unkontrolliert ausbreiten ließ. Diese Experimente belegen, daß sich auch Wildbestände ähnlich entwickeln. Sie vermehren sich zwar anfangs sehr rasch, nehmen das ganze freie Areal in Besitz. Dann aber setzt zunehmend Nahrungsknappheit ein, die Kondition der Tiere sinkt, immer weniger Nachkommen, überleben, während das Durchschnittsalter steigt, Krankheiten, Seuchen und Parasiten sich ausbreiten und Ökologische Schäden an der Umwelt sichtbar werden.

Es gibt hierzulande Menschen, die meinen, man sollte die Jagd aus ethischen Gründen ganz abschaffen, denn letztendlich würden sich Wildpopulationen auf einem gewissen, der Umwelt angepassten Niveau einpendeln. Doch diese Betrachtungsweise wird vom Wunschdenken diktiert und berücksichtigt die Erkenntnisse der Wissenschaft nicht. Wir haben lediglich die Wahl zwischen Aufgabe der Jagd mit der Folge eines relativ hohen Wildbestands aus meist älteren, schwächeren, kränkelnden Tieren und Jagdbeibehaltung, verbunden mit weniger Wild, jedoch gesunden, starken Einzelindividuen. Die Abschöpfung des jährlichen Zuwachses einer Tierpopulation ist aber nicht nur ein Problem der freien Wildbahn. Landwirtschaft, Tiergehege und zoologische Gärten sind gleichermaßen damit konfrontiert.

In unseren Wäldern, wo die natürlichen Feinde des Wildes, wie Luchs, Wolf, Bär und Adler ausgerottet sind, weil Menschen in ihnen eine Gefahr für Leib und Leben sahen, weil Landwirte beispielsweise heute noch um ihre Bergschafe fürchten, da müssen Wiedereinbürgerungsversuche fast zwangsläufig kläglich scheitern. Jagd zur Bestandsregulierung ist unter diesen Pämissen unverzichtbar. Weiter ist zu berücksichtigen, daß Jagd hochwertiges Wildbret als Nahrungsmittel liefert. Und darum handelt es sich tatsächlich, wie aus der BSE-geprüften Landwirtschaft ersichtlich. Kein bäuerlicher Betrieb wird seine Nutztiere je so artgerecht halten können, wie sich Wild in der Natur bewegt. Und kein Öko-Hof wird jemals tierisches Eiweiß so natürlich produzieren wie die Natur selbst!

Ob eine breite Öffentlichkeit bereit wäre, darauf zu verzichten, mag bezweifelt werden. Aus diesen Gründen ist die Debatte über die Notwendigkeit der Jagd unter Wildbiologen und Forstwissenschaftlern nicht mehr strittig und längst zu Gunsten der Jagd entschieden.

Für mich unverständlich, ist die Debatte um den Jagdbetrieb damit aber keineswegs zu Ende gegangen. Lediglich der „Kriegsschauplatz" hat gewechselt. Jetzt wirft man der Jägerschaft vor, alles falsch zu machen, es gehe ihr eigentlich nicht um eine der Biologie und Ökologie angepaßte Jagd, sondern in Wahrheit nur darum, möglichst gute Trophäen zu sammeln. „Weg mit dem Trophäenkult!" lautet die Forderung nunmehr, und die jährlich stattfindenden Trophäenschauen seien nichts als grausige Präsentationen von Knochensammlungen. Was soll man davon halten? Ich meine, ein gesundes und kräftiges Tier erst dann zu erlegen, wenn es den Höhepunkt seines Lebens erreicht oder überschritten hat, ist vom hehren Grundgedanken des Tierschutzes eher gerechtfertigt als ein wahllos betriebener Abschuß durch alle Altersklassen. Das Wildbret eines reifen Rehbocks ist allemal besser verkäuflich als das eines geschossenes Kitzes, und wenn bei dieser Auswahl durch den Jäger auch noch ein Gehörn, eine Krucke oder sogar ein Geweih abfällt, an dem er sich erfreut, dann sollten wir ihm diese Freude ruhig gönnen. Auf den jährlichen Trophäenschauen werden alle zur Strecke gebrachten Stirnzieren des vergangenen Jagdjahres vorgewiesen und begutachtet. Solche Veranstaltungen bieten einen guten Überblick über die Altersstruktur des Gesamtabschusses eines Bezirks. Es erscheint sinnentleert, die Schauen als über viele Jahrzehnte gepflegte Beurteilungspraxis nunmehr abschaffen zu wollen, ohne etwas Neues und Besseres an ihre Stelle zu setzen. Was sich hier artikuliert, ist in Wahrheit purer Destruktivismus. Unser heimisches Wild hätte wirklich Besseres verdient.

Die Jagdausübung ist in Deutschland per Bundesgesetz geregelt, die Länder können durch eigene Verordnungen den bundesgesetzlichen Rahmen einengen und in gewissem Rahmen Sonderregelungen treffen. Diese Bestimmungen umfassen alles, was mit Jagd zu tun hat und reichen von Wildbiologie, Lebensgewohnheiten, Krankheiten, Hygienevorschriften über Naturschutz, Land- und Forstwirtschaft, Jagd- und Schonzeiten, über Jägerausbildung, das Führen von Waffen bis hin zu genehmigungspflichtigen Abschußplänen und einem rigiden Strafkatalog bei Verstößen. Wer hierzulande die Jagd ausüben möchte, muß zuvor eine Jägerprüfung mit vorhergehender einjähriger Ausbildung absolvieren. Die Meßlatte ist bei uns sehr hoch gelegt, und jeder, der diese Prüfung schafft, verfügt über umfangreiches Wissen. Deutsche Jäger sind, was Ausbildung und Kenntnisstand angeht, sicherlich führend in Europa. Nicht zu Unrecht wird diese Prüfung auch das „grüne Abitur" genannt, an das sich eine mehrjährige Praxis als sogenannter Jungjäger unter der Obhut eines erfahrenen, älteren Waidmannes anschließt.

Viele Menschen sehen in der Jagdausübung ausnahmslos das Töten von Tieren, wohl weil sie einen Jäger nur an der mitgeführten Waffe erkennen können. Tatsächlich aber umfasst der Begriff „Jagd" weit mehr. Der Jäger leistet erst ungezählte Stunden an Revierarbeit, die schließlich dem Wild zu Gute kommt, ehe er an geeigneten Stellen, durch ausgedehnte Beobachtungen die Wildbestände und -wechsel seines Reviers ausgekundschaftet, Wildäcker einrichtet. Das sind Felder, die mit hochwertigen Nahrungspflanzen, Kleearten, Lupinien und anderen bestellt werden. Fichtenmonokulturen, wie sie bei uns aus ökonomischen Gründen der Forstbewirtschaftung häufig sind, bieten dem Wild in der Regel keine gute Bodennahrung, man sollte sich nicht wundern, wenn die Tiere, um satt zu werden, in angrenzenden Schonungen Jungbäumchen verbeißen oder auf Gemüsefeldern der Landwirte sog. „Wildschäden" anrichten, für die der Jagdpächter schadensersatzpflichtig ist. Wild benötigt für sein Gedeihen Ruhe, wenn sie nicht gegeben ist, weil etwa der Freizeitdruck durch die Bevölkerung dauernd zunimmt, wird ein Jäger Buschwerk pflanzen, um den Tieren Einstände mit Sichtschutz zu schaffen.

Insbesondere unser heimisches Rotwild ist gegen Störungen äußerst empfindlich, es benötigt zu seiner Entwicklung ausgedehnte Ruhezonen.

Wo aber Wanderer, Mountainbiker, Reiter und Wintersportler ständig unterwegs sind – sie dringen ja heute in immer abgelegenere Zonen vor – geraten Hirsche in Streß, der sich ihnen auf den Magen schlägt und sie zwingt, Rinde von Bäumen wegen der darin enthaltenen Gerbsäure zu schälen und zu verspeisen, um den Pansen so wieder in Ordnung zu bringen. Der Waldeigner meldet natürlich hohe Schadensersatzansprüche an, und der Jäger zahlt notgedrungen für Schäden, deren eigentliche Verursacher andere Menschen waren. In der Regel führen Schälschäden auch zu staatlich verordneten erhöhten Abschußzahlen. Das bedruckende Wort „Reduktionsabschuß“ bezeichnet derartige Maßnahmen, gegen die meines Wissens kein Vertreter des Tierschutzes je Widerspruch erhoben hätte. In einigen bekannt gewordenen Fällen haben sich Jäger geweigert, dem nachzukommen, mit der Folge, daß man Berufsjäger dafür einsetzte und der Pächter die Rechnung erhielt. Ich kenne einige Berufsjäger mit gediegener Ausbildung und grundanständiger Einstellung, die gezwungen wurden, an solchen Aktionen teilzunehmen, und denen, heute darauf angesprochen, sofort die Zornesröte ins Gesicht steigt, weil ihre Auffassung des Begriffs „Waidgerechtigkeit“ grob verletzt war. Im Laufe von zwei Jahrzehnten wurden besonders die Rotwildbestände stetig „reduziert“, häufig ihre Sozialstruktur zerschossen und die Restbestände in immer kleinere Gebiete zusammengedrängt. Rotwild ist damit zum Paradebeispiel einer Tierart geworden, die dem zunehmenden Freizeitdruck der Bevölkerung weichen mußte.

Ich wüßte keinen Jäger, den diese Entwicklung nicht mit tiefer Sorge erfüllt. Das per Gesetz als „herrenlos“ eingestufte Wild verfügt bei uns über keinerlei Lobby. Die aber wäre eigentlich dringend erforderlich, um Rothirschen ausreichenden Lebensraum zu erhalten. Es mag sich ja für den Laien merkwürdig anhören, aber in Deutschland sind die Jäger neben einigen Wildbiologen die einzigen wahren Heger, Schützer und Fürsprecher des Wildes.

Es erscheint sinnvoll, hierzu auch Persönlichkeiten von Rang zu Wort kommen zu lassen: Von Professor Bernhard Grzimek, seinerzeit Naturschutzbeauftragter der Bundesregierung, stammt der Satz: „Ohne die Jäger gäbe es heute kein Wild mehr in Deutschland!“, und im Jagdbuch-Report 98/99 macht Friedrich Karl v. Eggeling, Träger des DJV-Kulturpreises 1998, unter anderem folgende Aussage: „...So wie ich uns kenne und unsere Behörden, wird man weiterhin veranlassen, daß der Wildbestand den Erfordernissen der Landeskultur angepaßt wird, und das heißt eben: Weg damit! Und die noch wenigeren Hirsche und die noch heimlicheren Rehe werden trotzdem zu hohe Schäden anrichten und das Karussell wird sich weiterdrehen. Und der Mensch mit seinen lächerlichen Bedürfnissen bleibt das Maß aller Dinge, die Jäger werden weiter jammern, aber nichts unternehmen, und der Tierschutz kümmert sich um die Katzen seiner Mitglieder..."

Wer wollte sich in unserer Gesellschaft nicht als Tierfreund und Tierschützer bezeichnen? Die dabei entwickelten Aktivitäten gehen jedoch aufgrund mangelnden Verständnisses über die Interdependenz der Arten häufig in die falsche Richtung. Besonders aktiv am Markt sind hier die Vogelschutzverbände. Ihnen ist es zu verdanken, daß Greife unter Schutz gestellt wurden und damit weder erlegt, noch eingefangen werden dürfen. Seither sieht man wieder viel mehr Falken, Bussarde und Milane und landauf, landab hat man an Feldfluren hohe Holme aufgestellt, auf denen diese Vögel absitzen und nach Beute Ausschau halten können.

So weit so gut, auch ich freue mich über den Anblick der stolzen Greife. Doch die Folgen dieser Schutzmaßnahme wurden mittlerweile erkennbar: Raubvögel nehmen tierische Nahrung, Mäuse, Hasen, auch einmal ein Rehkitz, wenn sie es finden. Insbesondere der Hase hat unter Raubvögeln zu leiden, und dessen Bestände sind in den letzten Jahren so dramatisch zurückgegangen, daß jetzt Überlegungen laut wurden, den Hasen auf die „Rote Liste" der gefährdeten Tierarten zu setzen. Auch der Fuchs trägt zum Tod des Hasen bei. Eine vorgeblich immer tierfreundlichere Bevölkerung hat das Kürschnerhandwerk fast in den Ruin getrieben, das Tragen eines Pelzmantels ist nicht mehr „in" bei uns. Die Preise für Fuchsbälge sind darüber so jämmerlich verfallen, daß kein Jäger sich mehr die Mühe macht, einen Fuchs abzubalgen, wenn er denn überhaupt einen schießt. Jeder Waidmann weiß, daß die Fuchsbestände zu hoch sind, verursacht einmal durch von Flugzeugen großflächig abgeworfene Tollwutimpfmittel wie auch durch zu geringen Abschuß. Kann man wirklich von Jägern fordern, mehr Füchse zu erlegen, nur um die Kadaver anschließend bei der Tierkörperverwertung zu entsorgen? Sollte das heute unserer Auffassung von Anstand,

Sitte und Moral entsprechen? Leidtragende sind auch hier Hase und Reh, und Ursache der Malaise ist eindeutig ein falsch verstandener Artenschutz, der das Zusammenwirken unterschiedlicher Tierarten völlig unberücksichtigt läßt.

Ein anderes Beispiel bildete die jahrelange Debatte, ob Rabenvögel, nachdem man sie zuvor unter Schutz gestellt hatte und die Populationen dieser Nesträuber unkontrolliert anwuchsen, wieder dem Jagdrecht unterstellt werden sollten. Auch hier sei einmal die Frage erlaubt, ob der Wert einer Schrotpatrone nicht den Wert einer damit geschossenen Krähe, die danach zu entsorgen wäre, überschreitet? Aus England liegt uns mittlerweile eine wissenschaftliche Studie vor, die den Nachweis führt, daß das Unterschutzstellen von Krähenvögeln, allesamt Nesträuber, Artenarmut bei Singvögeln zur Folge hat.

Eine ganz wichtige und viel Zeit in Anspruch nehmende weitere Aufgabe des Jägers ist es, durch sein Revier zu schweifen und zu beobachten, was in der Natur vor sich geht. Kann es Schöneres geben, als offenen Auges die Tierwelt im Jahreswechsel zu observieren? Welcher Städter hatte schon einmal die Möglichkeit pirschend, eine Rehgeiß zu der Stelle zu begleiten, wo ihre Kitze abgelegt waren, das Säugen der Jungtiere zu schauen und ihr anschließendes satt-fröhliches Umhertollen als Ausdruck höchsten Lebensglücks zu bestaunen? Das ständige Erleben der Natur ist ein sehr wesentlicher Bestandteil der Jagd, es stünde Naturschutzverbänden und Politik gut an, sich die von der Jägerschaft dabei gewonnenen Erkenntnisse zu Nutze zu machen.

Es ist schon einige Jahre her, da kam ich am frühen Vormittag von einem ausgedehnten Pirschgang mit der Telekamera einen abschüssigen Bergpfad hinab. In den Stunden davor war ich zwischen Latschen an einem Schneekar angesessen und hatte Scharlwild beobachtet. Junge Geißen und Jahrlinge trieben ihre tollen Spiele im Schnee. Immer wieder rutschten sie, teilweise auf dem Rücken, den steilen Schneehang hinab, nur um anschließend wieder hinaufzuklettern und nochmals abzufahren. In tollen Bocksprüngen und dabei Saltos schlagend lebten die Jahrlinge ihre Daseinsfreude aus, und mein Herz wurde bei diesem Anblick weit. Während des Abstiegs kam mir dann ein Bergwanderer von etwa meinem Alter entgegen, der Mann sah ganz vernünftig aus. Und da mein Gemüt voll war von dem zuvor Erlebten, sprach ich ihn freundlich mit der Frage an: „Ham's scho a Wild g'seng beim Aufstieg?" „Naa", tönte es mürrisch, „und i brauch a koa Wild." Auf meine etwas verdutzte Antwort, daß Bergwald und Wild doch zusammengehörten und Wild um Jahrzehntausende hinweg länger hier lebte als Menschen, kam die verblüffende Auskunft „Des Wild macht an Wald kaputt und deswegen muaß es weg." So, so! Vorsichtig hielt ich entgegen, er habe ja vielleicht Kinder und möglicherweise wollten die gerne einmal Gemsen in freier Natur beobachten. „I brauch koa Wild, und wenn meine Kinder Tiere sehn woll'n, na fahr'n mir nach Munchen in an Zoo." Mein Blutdruck stieg, die Debatte wurde heftiger, und als ich dann noch eröffnete, ich sei Jäger und liebe Wild, war der Schaden perfekt und eine Verständigung mit dem selbsternannten Natur- und Artenschützer unmöglich geworden. Mein Einwand, man müsse ja Wildtiere auch als Bestandteil der Natur ansehen, stieß auf keinerlei Akzeptanz. Der Mann lief murrend davon und rief mir von weiter oben zu „und des Wild muaß doch weg!"

Tja, wer soll's denn wegmachen? Die bösen Jäger etwa, die er zuvor zu Tiermördern degradiert hatte? Gott sei Dank sind solche Menschen eher selten, doch sie sind es leider, die sich ständig lautstark artikulieren und die öffentliche Meinung vergiften.

Teile unserer Bevölkerung verurteilen die Jägerschaft als „Totschießer". Ich meine, wer konsequent gegen das Töten von Tieren ist, der sollte alle Bereiche von Tiertötungen in einer Gesellschaft, die Massentierhaltung zur eigenen Ernährung benötigt, im Blick haben. Die Jagd verliert dann viel von ihrem Schrecken! Zudem fallen alljährlich Zigtausende von Rehen dem Straßenverkehr zum Opfer, weil Verkehrsteilnehmer die Wildwechselschilder nicht beachten und die Geschwindigkeit drosseln. Mindestens ebenso viele frischgesetzte Rehkitze kommen bei der jährlichen Wiesenmahd ums Leben.

Es ist zutreffend, als Jäger töte ich hin und wieder Schalenwild, und das ohne jedes schlechte Gewissen, denn das, was ich schieße, wähle ich zuvor sehr sorgfältig aus, und die überwiegende Mehrzahl der an meinem Ansitz vorüberziehenden Wildtiere geht ungeschoren davon. „Waidgerechtigkeit" heißt das in der Jägersprache.

Der Jäger in mir wurde auf einer Bulgarienreise geboren. Ich war mit Freunden als Fotograf ins Jagdrevier gefahren, und der Berufsjäger hieß mich, einen Rehbock zu schießen. Wir saßen auf sehr hohem Ansitz, als gegen neun Uhr ein Rehbock austrat, den mir der Jagdaufseher freigab. Das Bild des im Feuer zusammenbrechenden Bockes hat sich mir unauslöschlich ins Gedächtnis eingegraben. Der Bulgare schlug mir begeistert auf die Schulter, wir baumten ab und gingen die hundert Schritte zu dem erlegten Reh. Der Jäger wußte, daß ich nie zuvor getötet hatte, und bedeutete mir mit Gesten, bei dem erlegten Wild zu warten, bis er das Auto geholt habe. Ich setzte mich nieder und überdachte das Geschehene. Zweifel und Unsicherheit paarten sich mit Freude. Das eindringliche Erlebnis des Schusses und die anschließende wohl halbstündige Wache an der Jagdbeute haben mich zum Jäger reifen lassen. Ich glaube, dass da Atavismen im Spiel sind und daß durch dieses Erlebnis in mir zwar vorhandene, aber bis dato zugeschüttete Erbanlagen aus einer Zeit von vor Jahrtausenden, als Menschen noch als Jäger und Sammler auf Erden gingen, urplötzlich mit Macht wieder an die Oberfläche meines Bewußtseins gelangten. Vermutlich würde ein so prägendes Erlebnis für manchen selbsternannten Natur- und Artenschützer zu unlösbaren inneren Konflikten führen. Mit einiger Sicherheit steckt in jedermann ein verborgener Jäger, und wer darüber nichts weiß, kennt die Tiefen der eigenen Seele nicht.

Bin a lustiger Bua
Ja, und Schneid hab i gnua
Wia i tanz, wia i spring
Wia i grugel und sing
Gelt ja, Büberl da schaugst
Komm nur her, wenn'st di traust
Tschui - hui

Spaßige Raufbolde

Schneidig ist der Spielhahn, und ein lustiger Vogel obendrein. Vermutlich haben die Gebirgler seinem Tanz ihren Schuhplattler abgeguckt, und was das Raufen im Wirtshaus angeht, hat er ihnen dabei möglicherweise auch noch Pate gestanden. Wenn er aus dem hohen Wipfel einer Wetterfichte sein fröhliches Gurgeln über die Almen trommelt, wird jedem Naturfreund das Herz weit. Und wenn im November bei Nebel und Nieselregen sein Minnelied erklingt, dann hat man das Gefühl, die Sonne gehe auf. Ja, der Birk-, Spiel- oder auch Schildhahn hat zu Recht mehrere Namen, ist er doch ein ganzer Kerl mit dem Herz auf dem rechten Fleck. Zwar ist der Auerhahn größer als er, er kann es aber, was die Intelligenz angeht, nicht mit dem Birkgockel aufnehmen, ist er doch sehr vorsichtig und scheu und versteht es ausgezeichnet, drohende Gefahren zu erkennen und ihnen mit Überlegung auszuweichen.

Die Zoologie zählt das Birkwild zu den Rauhfußhühnern, und ein Blick in ein Vogelkundebuch belehrt uns, daß die Art vom Aussterben bedroht sei. Der Hahn erreicht mit einer Höhe von 41 Zentimetern ein Gewicht bis zu 1,4 Kilo, die Henne ist etwas kleiner, sie erreicht nur 35 Zentimeter Höhe bei Gewichten bis 1,1 Kilogramm. Das Huhn baut kein Nest, scharrt lediglich auf dem Boden eine Stelle frei und legt zwischen sechs bis elf Eier. Die Küken schlüpfen etwa 26 Tage später und folgen nun der Mutter. Die Nahrung des Birkwildes besteht aus Samen, Beeren, Zirbelnüssen, Insekten, Heuschrecken und Käfern. Durch Beringung hat man ein Höchstalter von drei Jahren ermittelt. In strengen Wintern graben sich die Tiere gern in ein Latschenfeld ein, dringen dort bis auf den Boden vor, wo sie ausreichend Äsung finden. Zu den Feinden des Birkwildes zählen große

Raubvögel, daneben Uhu, Fuchs und natürlich Menschen. Da die Gelege sich auf Almwiesen finden, darf unterstellt werden, daß Weidekühe öfters Gelege zertreten. Mit Auerwild, Fasan, Schnee- und Haselhuhn kann es – wenn auch selten – zu Kreuzungen kommen, die als „Rackelwild“ bezeichnet werden.

Um zwei Uhr morgens schrillte der Wecker und riß mich aus tiefem Schlaf. Kaffee aufsetzen, rasieren, frühstücken, dann die warme Winterkleidung überziehen, in die schweren Schalenstiefel schlüpfen und die Schneegamaschen anschnallen. Gegen drei Uhr und noch bei tiefer Finsternis marschierte ich, Taschenlampe in der Hand, hinauf zur Stepbergalm. Erst gestern war ich dort vorbeigekommen, noch deckte sulziger Schnee die Almweiden, und mitten drin hatte ich etwas entdeckt, was nun meinen nächtlichen Aufstieg erforderlich machte. An einer Stelle von der Größe etwa eines halben Fußballfeldes war der Schnee dicht an dicht zertreten von kräftigem Birkhahngeläuf, da fand ich Federn und Losung und erkannte Abdrücke gut gekrümmter Sichelfedern des Stoßes.

Die Balz des Birkhahns ist ein so einzigartiges Erlebnis, das man sich nicht entgehen lassen darf, und so stapfte ich teilweise durch knietiefen Schnee knapp zwei Stunden himmelan zum Stepberg. Schwebten im Tal noch Nebelfetzen, so war es hier oben sternenklar, das erste Morgenlicht mußte bald aufziehen. Mein tags zuvor ausgespähter Beobachtungsstand lag oberhalb des Balzplatzes. Dort standen einige hohe Wetterfichten mit lang herabhängendem Geäst, und rings um die Gruppe waren Jungbäumchen aufgewachsen, die eine ausgezeichnete Deckung abgaben. Dort schlüpfte ich unter meine wärmende Jagdkotze, zog den Hut mit der breiten Krempe tief ins Gesicht, trank genüßlich Tee aus der Thermoskanne und wartete ab.

Plötzlich – die hohen Tannen im Hintergrund waren kaum als Schatten gegen den dunklen Sternenhimmel auszumachen – ertönte rechter Hand ein Vogelruf, der sich in etwa mit der Buchstabenfolge Chiu - hui, oder Tschiu - hui beschreiben läßt. Augenblicklich antworteten weitere Stimmen aus allen Richtungen. Aus der Finsternis hoher Tannenwipfel erklang ein Jubel in fast unheimlichen Strophen. Dem Gesang nur zu lauschen, machte bereits alle Anstrengungen des Anstiegs wett. Dann hörte ich laut klatschenden Flügelschlag, mit denen die Hahnen einer nach dem anderen einfielen. Zu sehen war aber noch immer nichts, es erklang nur ein Flattern und Pledern, ein Zischen und Gurgeln, ein Rodeln und Kollern und immer wieder Tschiu hui - Rufe, daß es eine reine Wonne war.

Langsam gewann die Umgebung Konturen, und ich erkannte schwarze Vogelwesen, die heftig miteinander rauften und stritten, mit den Schnäbeln aufeinander einhackten, mit den Füßen kratzten und mit den Schwingen Schläge austeilten. Hin und wieder sprangen sie meterhoch in die Luft und watschten sich dabei gegenseitig ab. Insgesamt zählte ich sieben Hahnen und wohl ebenso viele Hennen, die sich am Boden hielten und eigentlich von dem Geschehen um sie herum wenig berührt schienen. Ihre Lockrufe, die dem Fiepen einer Rehgeiß ähnlich sein sollen, habe ich aber nicht vernommen. Und dann trat die Sonne über die Gipfel und leuchtete die Szene aus, braune Hennen, glänzend blau-schwarzes und weißes Gefieder und angeschwollene feuerrote Rosen bei den Hahnen, wenn sie mit abgespreizten Flügeln kollernd und gurgelnd im Schnee umfuhren. Ein herrlicheres Spektakel hat der Bergwald wohl kaum zu bieten, ich hätte jubeln mögen. Drei volle Stunden bin ich an diesem Platz angesessen, dann war es plötzlich vorbei mit dem Spuk. Die Hähne ließen voneinander ab und stießen mit lautem Sausen pfeilschnell davon, während sich die Hennen am Boden verschlupften. Und ich erkannte auch den Grund für den allgemeinen Aufbruch: Ein Mann war aus dem Tal heraufgekommen und ging zur Sennhütte weiter unten; die wachsamen Vögel hatten ihn trotz allen Kampfeseifers sofort wahrgenommen.

Einmal saß ich in der ersten Morgensonne auf dem Gipfel des Hirschbichel und lauschte dem Gesang der Spielhahnen, unten am Stepberg waren sie zu Gang, ebenso auf der Enningalm und auch vom Frieder drang ihr Ruf zu mir herüber. Da soll doch noch einer sagen, Birkwild sei bei uns ausgestorben! Als ich später im Bergwald vorsichtig pirschend abstieg und die Almwiese betrat, tobten dort, kaum fünfzig Gänge voraus, sechs Hähne derart verbissen wahre Luftkämpfe aus, daß nur so die Federn flogen und sie mich im Eifer zunächst nicht gewahrten. Unglückseligerweise hatte ich mal wieder die Telelinse auf der Kamera sitzen, mit dem Normalobjektiv wären einzigartige Fotos entstanden.

Auch in den sonnigen Lahnerhängen unter der Notkarspitze trällert der Spielhahn gern seine Weisen. Vor vielen Jahren war ich mit meiner Frau auf einem verfallenen Steig unterwegs, der auf halber Höhe die Hänge querte, die ganze Zeit begleitet vom Gesang eines Spielhahns weiter unten. Obwohl ich die Umgebung intensiv abglaste, fanden wir seinen Standort nicht. Mit der mir eigenen Hartnäckigkeit machten wir ihn aber schließlich doch noch aus. Ein Stück hangab lag ein mächtiger Findlingsblock, nachgerutschtes Erdreich hatte auf der uns zugewandten Seite dort Halt gefunden und war nun gut begrünt. Der Hahn aber saß mit Sicherheit auf der Südseite des Brockens! Wir brauchten nur vorsichtig hinabpirschen und uns auf dem Bauch liegend bis an den Felsabsturz vorschieben, dann müßten wir ihn dicht unter uns sehen. Genau so haben wir's gemacht, lagen über dem Gockel, blickten auf ihn hinab, und es dauerte eine ganze Weile, bis er uns ausmachte und abstrich.

Vor einiger Zeit zog ich einmal mit der Telekamera durch waldiges Gelände, in etwa 1.600 Höhenmetern, als ich im Laub vor mir plötzlich eine Birkhenne erblickte und hinter ihr kamen fünf oder sechs Küken in einer Reihe daher. Das waren doch nun wirklich sehr erfreuliche Fotoperspektiven, denn die Gruppe konnte mir ja praktisch gar nicht auskommen! Küken fliegen nicht einfach davon, und die Alte würde ihre Brut sicher nicht allein lassen! Doch es kam ganz anders und ich blieb ohne ein einziges Foto. Die Küken purzelten einfach den Steilhang hinab, während die Henne sich in die entgegengesetzte Richtung bewegte und mit scheinbar gebrochenen Schwingen flugunfähig im Bodenlaub umhertaumelte und dabei ständig hinfiel. Die Vorstellung wirkte so täuschend echt, daß ich völlig entgeistert auf die Henne starrte und die Kamera darüber in Vergessenheit geriet. Und nachdem sich die Brut kullernd hangab vor mir gerettet hatte, genas die Birkhenne erstaunlich rasch, hob ab und strich davon und ihren Küken hinterher. Schon mehrfach wurde über derartiges Gebaren berichtet, man muß es aber selbst erlebt haben, um die täuschend echt wirkende schauspielerische Leistung beurteilen und bewundern zu können.

An einem sonnigen Sommertag vor sechs Jahren kam ich nach erfolgreicher Kamerapirsch so gegen 11 Uhr aus den Latschenhängen des Frieder zurück, als mir ein jüngerer Mann, wie ich grün gekleidet, entgegen kam. Wir sprachen miteinander, und ich erfuhr, daß er aus Norddeutschland angereist war und als Biologe an einer Studie über Birkwild im Voralpenland arbeitete „Aber hier gibt's keine mehr, die sind doch alle ausgestorben", erklärte er mir. Darauf bat ich ihn, auf einem Wurzelstock Platz zu nehmen, steckte mir eine Zigarette an und setzte mich dazu. Nach kurzer Zeit vernahm man deutlich einen Laut. „Haben Sie das gehört?" fragte ich, „Ja klar, aber was war das?" kam die Antwort. „Das, lieber Freund, war einer der längst ausgestorbenen Birkhähne", der hockte nämlich schon seit Morgengrauen in einer hohen Fichte kaum zweihundert Schritte entfernt. Wer Birkhähne sehen will und nach 11 Uhr daherkommt, der hat wahrlich schlechte Karten, und wer deren Ruf nicht kennt, macht keinen Stich.

LITERATURVERZEICHNIS

Bader, J.	G'schichtlan vom Wildern, Adam-Verlag, Garmisch-Partenkirchen, 1995
Bayerisches Staatsministerium für Ernährung Landwirtschaft und Forsten, München	Gamswild, Verbreitung, Biologie, Hege im Staatswald 1983
Bayerisches Staatsministerium für Ernährung Landwirtschaft und Forsten, München	Schalenwild in Bayern, 1993
Blase	Die Jägerprüfung, 25. Auflage 1993 Verlag Neumann-Neudamm
Dröscher, V.B.	Überlebensformel Deutscher Taschenbuch Verlag, München, 1982
Dröscher, V.B.	Magie der Sinne im Tierreich Deutscher Taschenbuch Verlag, München, 1980
Elsner, l.	Überleben im Hochgebirge: Eine Studie zur Raumnutzung von Gams Zeitschrift für Jagdwissenschaft, Verlag Paul Parey, Hamburg, 1982
GEO Spezial	Bedrohte Tiere Gruner + Jahr, Hamburg, 1982
Grzimek, B.	Grzimeks Tierleben Kindler Verlag, Zürich, 1970
Hespeler, B.	Rehwild heute BLV-Verlagsgesellschaft, München, Wien, Zürich, 1996
Lorenz, K.	Er redete mit dem Vieh, den Vögeln und den Fischen Deutscher Taschenbuch Verlag, München, 1970
Nerl, W., Messner, L., Schwab, P.	Das Große Gamsbuch Hubertusverlag, Klosterneuburg, 1995
Neuhauser, W.	Beruf: Jäger Österreichischer Jagd- und Fischereiverlag, 1997
Parco Nazionale Gran Paradiso	Proc. 2nd World Conference on Mountain Ungulates, 1998
Raesfeld, F.v., Reulecke, K.	Das Rotwild Verlag Paul Parey, Hamburg, 1988
Rattay-Taylor, G.	Das Geheimnis der Evolution S. Fischer Verlag, Frankfurt am Main, 1983
Ratti, Dr. P.	Stand von Hege und Erforschung des Steinwildes im Kanton Graubünden (Schweiz) Z. Jagdwiss. 40, Blackwell-Wissenschaftsverlag, Hamburg, 1994
Remane, A., Storch, V., Welsch, U.	Evolution Deutscher Taschenbuch Verlag, München, 1980
Rieck, Prof. Dr. W.	Geburt eines Gamskitzes in freier Wildbahn Zeitschrift für Jagdwissenschaft, Verlag Paul Parey, Hamburg, 1970

Roth, G. Das Gehirn und seine Wirklichkeit
Suhrkamp Taschenbuch, 1997

Schnidrig-Petrig, R., Salm, U.P. Die Gemse, Biologie und Jagd
Salmverlag, Bern, 1998

Schröder, W. Schlaglichter aus der Geschichte der Gamsjagd
Jahrbuch 1984 des Vereins zum Schutz der Bergwelt e.V., München

Schröder, W. Räumliche Verteilung und Nahrungsauswahl von Gams und Rotwild
Forstwissenschaftliches Centralblatt,
Verlag Paul Parey, Hamburg, 1977

Schröder, W. Untersuchungen zu Ökologie des Gamswildes (Rupicapra rupicapra L.) in einem Vorkommen der Alpen
Zeitschrift für Jagdwissenschaft,
Verlag Paul Parey, Hamburg, 1971

Schröder, W. Über die Ökologie aggressiver Verhaltensweisen bei Gamswild, Jagd in Tirol, 1974

Schröder, W. Aus der Geschichte der Gamsjagd
Der Anblick, Ausgabe 11. 1984, Graz

Schröder, W., Elsner, I. Gams (Rupicapra rupicapra L.) und Gebirgswald: Vorschläge zur Jagd auf Gams in den Ammergauer Bergen
Forstwissenschaftliches Centralblatt,
Verlag Paul Parey, Hamburg, 1982

Storch, I. Condition in chamois populations under different harvest levels in Bavaria, University of Munich, 1985

Storch, I., Schröder, W. Haarwechsel als Konditionsindex für Gamswild (Rupicapra rupicapra L.)
Zeitschrift für Jagdwissenschaft,
Verlag Paul Parey, Hamburg, 1987

Stubbe, M., Prof. Dr. Beiträge zur Jagd- & Wildforschung, Band 24,
Gesellschaft für Wildtier- und Jagdforschung e.V.
Halle/Saale, 1999

Wölfel, Helmut Turbo-Reh und Öko-Hirsch
Leopold Stocker Verlag, Graz, 1999

Wotschikowsky, U. Die Rehe von Hahnebaum
Wildbiologische Gesellschaft München, 1996

Wotschikowsky, U., Heidegger, A. Wild und Jagd in Südtirol
Verlagsanstalt Athesia, Bozen, 1992